スポーツマネジメント研究

目 次

特集：スポーツマネジメントの特異性

特集号「スポーツマネジメントの特異性」の刊行にあたって 3
    吉田政幸・辻洋右

■総説

アスリートのブランド価値のマネジメント： 7
常に「みられる」存在のアスリートをマネジメントする
    新井彬子・浅田瑛

■原著論文

チーム・アイデンティフィケーション：理論的再検証 19
    出口順子・辻洋右・吉田政幸

スタジアムにおけるスポーツ観戦関与 41
    井上尊寛・松岡宏高・吉田政幸・蔵桝利恵子

プロスポーツクラブのプロダクト特性の検討：製品間競争に着目して 59
    足立名津美・松岡宏高

■国際会議レポート

北米スポーツマネジメント学会2017年度大会 81
    高田紘佑

アジアスポーツマネジメント学会2017年度大会 87
    姜泰安・増田渉

ホスピタリティ・ツーリズム・スポーツマネジメント国際学会2017年度大会 95
    和田由佳子

オーストラリア・ニュージーランド・スポーツマネジメント学会2017年大会 100
    醍醐笑部

実践スポーツマネジメント学会2018年度大会 104
    前田和範

■学会大会報告

スチューデント特別セミナー2016報告 110
    藤本淳也・福田拓哉

スチューデント特別セミナー2017報告 121
    藤本淳也・福田拓哉

特集号「スポーツマネジメントの特異性」の刊行にあたって

吉田政幸（法政大学）　辻　洋右（立教大学）

はじめに

　スポーツマネジメントという概念は「スポーツ」と「マネジメント」の二語で構成される（Chelladurai, 1994; 松岡, 2010）。前者はスポーツという「コンテクスト（文脈、環境）」を表すのに対し、後者はマネジメントという「機能」を指す。このように二語を並べてみると、スポーツというコンテクストにおいて一般経営学のマネジメント理論が機能するかどうかを試すこと（実践）、もしくはそれを証明する知識の集合（学問）をスポーツマネジメントとみなすことができる。確かにスポーツマネジメントは経営学をはじめ、心理学、社会学、経済学、マーケティング論などのいわゆる親学問をスポーツに応用した特殊経営学である。親学問で確立された汎用性の高い理論であればあるほど、スポーツの現場においても一般化が可能なはずである。しかしながら、今日、国際競技大会、中央競技団体、大規模スポーツ施設などの経営が計画通りに進まない事態や想定外の結果を招くことは決して珍しくなく、優れているはずの既存の理論がスポーツマネジメントの現場に対して合理的な説明を与えられない状況が発生している。すなわち、他領域の理論を十分に調整せずにスポーツへ応用してしまうと、逆に理論と実践の距離を広げてしまうことになり兼ねない恐れがある。

　現代社会のスポーツは高度化と大衆化という二つのベクトルの中で複雑に発展を遂げている（佐伯, 1996）。スポーツは競技力向上や健康問題に対する国民の高い関心に応えるだけでなく、政治、経済、観光、文化事業としての意味や役割を持つようになった。膨張を続けるスポーツには一般的な製品や組織には備わっていない特性があり、そのマネジメントにも特異性（distinctiveness）が見られる（Chalip, 2006）。その代表的な特性は以下のようにまとめられる：

(1) 「する」または「みる」という形態で提供されるスポーツプロダクトの特性（Gray, 2001; Mullin et al., 2007; Parks et al., 2011; Smith and Stewart, 2010; Wakefield, 2007）

(2) スポーツの試合展開や結果を予測できない不確実性（Gray, 2001；Mason, 1999；松岡, 2010；Tsuji et al., 2007; Yoshida & James, 2010）

(3) 人々がスポーツに対して形成する強い心理的な結びつき（Gray, 2001; Mullin et al., 2007; Smith and Stewart, 2010; Wakefield, 2007）

(4) スポーツ組織の競争と協同の両方を必要とするリーグ構造（Mullin et al., 2007; Smith and Stewart, 2010; Wakefield, 2007）

(5) 高い人気によって支えられるスポーツのメディア露出とパブリシティ効果（Mullin et al., 2007; Smith and Stewart, 2010; Wakefield, 2007）

(6) 特殊な収入源と支出項目によって構成されるスポーツ組織の財務構造（Mullin et al., 2007; Parks et al., 2011）

(7) 公共スポーツ施設を使用するスポーツの公益性（Chalip, 2006; Wakefield, 2007）

(8) 経済的交換を超えたスポーツの社会的交換が地域社会に与える影響（Parks et al.,

2011; Wakefield, 2007）

特集号の趣旨

　スポーツマネジメントの現場において実践的により正確な理論を構築するためには、他領域の理論を借りるのではなく、それらをスポーツマネジメントの特異性を考慮しながら調整し、拡張し、最終的にはスポーツマネジメントの独自の理論として確立する必要がある（Cunningham, 2013; Doherty, 2013）。今回の特集号は、スポーツが経営される時に確認できる固有の概念や理論に関する知見を導き出すことで、スポーツマネジメント研究とは何かを改めて考えることが目的である。

　本特集号ではいくつかのスポーツマネジメントの特異性のうち、（1）人々のスポーツに対する強い心理的結びつき、（2）スポーツのメディア露出、（3）スポーツプロダクト論、（4）市場における競合関係の四つに関する論文を掲載する。

　一つ目の論文はスポーツのメディア露出に関する総説論文であり、特に「アスリートのブランドマネジメント（新井・浅田，2018）」の理解を深めている。その説明ではブランド研究の歴史的変遷を辿るとともに、アスリート・ブランドをアスリートのペルソナと捉えることで理論的拡張を行い、その特異性として共同ブランディングやアスリート固有のパーソナリティの重要性を強調している。

　二つ目と三つ目の論文は観戦者がスポーツチームに対して形成する心理的結びつきについて新たな視点や概念を明らかにするものである。最初の論文は「チーム・アイデンティフィケーション：理論的再検証（出口・辻・吉田，2018）」である。この研究は人々がスポーツチームと自分を重ね合わせる際の自己同一視を役割アイデンティティと集団アイデンティティという二つの理論的視点から理解するとともに、先行研究の問題点と今後の研究の方向性を詳細に説明している。もう一つは「スタジアムにおけるスポーツ観戦関与（井上・松岡・吉田・蔵桝，2018）」であり、この検証ではスポーツ観戦者がライブ観戦とどれくらい強く関わっているかをスタジアムにおけるスポーツ観戦関与という概念で捉え、新たに「連帯性」と「場所への帰属性」という二つの関与因子の特定に至っている。

　最後に四つ目の論文は「プロスポーツクラブのプロダクト特性の検討（足立・松岡，2018）」である。この研究は市場における競争関係を内包したスポーツプロダクトの特性を明確にすることが目的である。分析ではスポーツ観戦に加え、レクリエーション、ツーリズム、エンターテインメントなどの余暇活動も対象として含め、それらの個別便益の詳細を定量的に測定し、比較することでスポーツ観戦のプロダクト構造の特異性を明らかにしている。

　本特集号の目的はスポーツマネジメントの特異性を科学的に検証することで、スポーツマネジメント研究とは何かというこの研究分野自体の定義について一定の方向性を示すことである。今回、発表する四本の論文は他領域の概念や理論をスポーツの文脈において拡張させ、新たな要因、関係性、そして説明を加えるという点で共通している。これらの研究が示すように、スポーツマネジメント研究はスポーツ関連の経営資源や利害関係者（選手、チーム、組織、消費者、競争相手、スポンサー、イベント、サービス、施設、グッズなど）のマネジメントに関する知識を創造する営みであり、その特徴は親学問の単なる応用ではなく、スポーツ界の現象を着実に捉えた概念、理論、方法論の確立とそれらの正確性を探求する点にある。

【文献】

足立名津美・松岡宏高（2018）プロスポーツクラブのプロダクト特性の検討：製品間競争に着目して．スポーツマネジメント研究，10（1）：59-80．

新井彬子・浅田瑛（2018）アスリートのブランドマネジメント：常に「みられる」存在のアスリートをマネジメントする．スポーツマネジメント研究，10（1）：7-18．

Chalip, L. (2006) Toward a distinctive sport management discipline. Journal of Sport Management, 20: 1-21.

Chelladurai, P. (1994) Sport management: Defining the field. European Journal of Sport Management, 1: 7-21.

Cunningham, G.B. (2013) Theory and theory development in sport management. Sport Management Review, 16:

1-4.

出口順子・辻洋右・吉田政幸（2018）チーム・アイデンティフィケーション：理論的再検証．スポーツマネジメント研究，10（1）：19-40．

Doherty, A. (2013) Investing in sport management: The value of good theory. Sport Management Review, 16: 5-11.

Gray, D.P. (2001) Marketing. In B.L. Parkhouse (Ed.), The management of sport: Its foundation and application (3rd ed., pp. 299-352). Mosby: St. Louis, MO, USA.

井上尊寛・松岡宏高・吉田政幸・蔵桝利恵子（2018）スタジアムにおけるスポーツ観戦関与．スポーツマネジメント研究，10（1）：41-58．

Mason, D.S. (1999) What is the sports product and who buys it? The marketing of professional sports leagues. European Journal of Marketing, 33(3): 402-419.

松岡宏高（2010）スポーツマネジメント概念の再検討．スポーツマネジメント研究，2（1）：33-45．

Mullin, B.J., Hardy, S., and Sutton, W.A. (2007). Sport marketing (3rd ed.). Human Kinetics: Champaign, IL, USA.

Parks, J., Quarterman, J., and Thibault, L. (2011) Managing sport in the 21st century. In P. Pedersen, J. Parks, J. Quarterman, & L. Thibault (Eds.), Contemporary sport management (4th ed., Vol. 4, pp. 5-27). Human Kinetics: Champaign, IL, USA.

佐伯年詩雄（1996）みるスポーツの構造．文部省競技スポーツ研究会編「みるスポーツ」の振興．ベースボール・マガジン社，pp. 8-21．

Smith, C.T., and Stewart, B. (2010) The special features of sport. Sport Management Review, 13: 1-13.

Tsuji, Y., Bennett, G., and Zhang, J. (2007) Consumer satisfaction with an action sports event. Sport Marketing Quarterly, 16(4): 199-208.

Wakefield, K.L. (2007) Team sports marketing. Butterworth-Heinemann: Boston, MA, USA.

Yoshida, M., and James, J.D. (2010) Customer satisfaction with game and service experiences: Antecedents and Consequences. Journal of Sport Management, 24: 338-361.

【総説】

アスリートのブランド価値のマネジメント：
常に「みられる」存在のアスリートをマネジメントする

Review of Athlete Branding

新井彬子 [1]　浅田瑛 [2]

1）東京理科大学、2) Texas Tech University

Abstract

This article presents an overview of athlete branding research. Managing athletes as brands has become an important managerial and academic topic in sport management. However, the number of studies specialized in athlete branding is still limited. By reviewing the paradigm shifts of branding research in the mother field of marketing, the article attempts to identify the research gap in athlete branding research. Other recommendations to stimulate future research in athlete branding are provided.

Key words: Athlete Brand, Brand Management, Consumer Culture

キーワード：アスリート・ブランド、ブランドマネジメント、消費者文化

連絡先：新井彬子
東京理科大学　経営学部
〒102-0071　東京都千代田区富士見 1-11-2

Address Correspondence to: Akiko Arai, Ph.D.
Department of Management
Tokyo University of Science
1-11-2 Fujimi Chiyoda, Tokyo 102-0071, Japan
Email: a.arai@rs.tus.ac.jp

はじめに

　近年、国内外を問わず、アスリートのマネジメント事業に数多くの企業が参入している。たとえば、芸能事務所がスポーツ部門を設立し、アスリートの広報、イベント出演、出版、そして肖像権の管理といったエージェントビジネスを展開する一方で、IMGのような老舗のスポーツエージェンシーは、競技におけるパフォーマンスの向上やキャリアプランニングなど、アスリート特有の課題を反映した総合的なマネジメントに取り組んでいる（IMG JAPAN, n.d.）。今日、ソーシャルメディアの普及によって、アスリートと消費者のコミュニケーションは、より頻繁かつ多様になっており、そのマネジメントは難しさを増している。このように、実務における重要性が高まる中、アスリートのマネジメントはスポーツマネジメント研究で扱うべき重要な課題のひとつであると考えられる。

　上記のようなアスリート・マネジメント会社の事業内容から、アスリート・マネジメントの対象は、2つに大別される。すなわち、(1) キャリアのマネジメント：ひとりの人間・選手としての成長・発展をプランし、その実現を補助する側面と、(2) ブランドのマネジメント：アスリートの「公の人格」であるペルソナの形成と、その「公の人格」とファンやスポンサーを含むあらゆるステークホルダーとの関係性をマネジメントする側面である。

　アスリートはひとりの人間であると同時に、様々なメディアを通して消費者に認知される「公の人格」を持つ。消費者が、あるアスリートを思い浮かべるとき、そのスポーツの文化的な意味や消費者にとっての経験的な意味を同時に想起する。その点で、アスリートの「公の人格」は消費者にとって二次的な意味を持つアイコンであり、アスリートの「公の人格」はブランドであると考えられる（Carlson and Donavan, 2013; Thomson, 2006）。本論では、この常に「みられる」側面のアスリートの「公の人格」をブランドとして捉え、アスリート・ブランドに関する研究の動向を概説する。

本論のフレームワーク

　マーケティング領域におけるブランディング研究は1920年代に始まり（Copeland, 1923）、1950年代にはブランド・ロイヤルティ（Brand Loyalty）などのブランド特有の概念が確立された（Brown, 1953; Cunningham, 1956）。1990年代初頭には、ブランド・エクイティ（Brand Equity）の概念基盤が固まることで、ブランド論はさらに独自の発展を遂げてゆくことになる。ブランディングによって生まれる「価値」を包括的に理解する概念としてブランド・エクイティが注目された背景には、1990年前後にアメリカにおいて盛んに行われた企業の買収・合併があると言われている（田中，1997）。ファイナンス領域で用いられるエクイティという概念を導入することによって、ブランドの総資産価値を把握することへの関心が高まっていたのである。

　このブランド・エクイティ理論の登場以降、マーケティング研究者たちは、ブランドの価値をめぐるいくつかの学問的潮流を形成してきた（Allen et al., 2008; 青木，2011, 2012）。青木（2012）に倣い、本論では、これらの潮流を大きく3つに整理する：1.「価値の創造」、2.「価値の提供・維持」、3.「価値の共創」。これらの3つの潮流は、ブランディング研究の焦点がどのように変遷してきたかを的確に表しており、アスリートのブランディング研究にも当てはめることができる（表1）。以下では、これらの3つの潮流に沿ってアスリート・ブランディング研究を整理し、その学際的な性質を明らかにした上で、今後のスポーツマネジメント研究独自の発展への視座を提示することを目的とする。

価値の創造

　「価値の創造」の潮流では、ブランド・エクイティの構成要素や構造を明らかにし、ブランドが

表1　ブランドの価値をめぐる学問的潮流とアスリート・ブランディング研究

学問的潮流	焦点	中心概念	アスリート・ブランディングに関する研究の主題
価値の創造	・ブランド価値の源泉の探求 ・ブランド・エクイティの構成要素・構造の理解 ・ブランド・エクイティの測定・効果の検証 ・ブランド・アイデンティティの設計・確立・管理	・ブランド・エクイティ ・ブランド・アイデンティティ	・アスリートのブランド・エクイティ構造の解明 (Arai et al., 2014b) ・アスリートのブランド・イメージの測定方法の提案 (Arai et al., 2013; Hasaan et al., 2018) ・アスリートのブランド・イメージとロイヤルティなどの独立変数の関係性の検証 (Arai et al., 2013)
価値の提供・維持	・市場でのブランド価値の維持に関する戦略 ・ブランドと消費者との関係性の構築	・共同ブランディング ・ブランド・エクステンション ・ブランド・パーソナリティ	・共同ブランディング・パートナーとしてのアスリートとスポンサー (Chang et al., 2014; Ilicic and Webster, 2013) ・アスリートのブランド・パーソナリティの抽出 (Carlson and Donavan, 2013) ・消費者のアイデンティティなどの調整変数の検討 (Carlson and Donavan, 2013)
価値の共創	・購買・消費プロセスにおける消費者の経験価値の理解 ・価値共創のプロセスの理解とタッチポイントの設計（ソーシャルメディアの役割やユーザー生成コンテンツへの理解） ・価値共創の過程で消費者とブランドの間に生まれる情緒的な絆の役割	・ブランド・エクスペリエンス ・ブランド・リレーションシップ	・アスリート・ブランドと消費者の関係性の定義 (Thomson, 2006) ・アスリート・ブランドと消費者の関係性が生み出す効果の検証 (Arai et al., 2014a)

もたらす価値を包括的に測定することに主眼が置かれている。また、その構造を理解した上でひとつひとつの構成要素をどのように設計し、ブランド価値を創造すべきかという問題が議論されてきた。1990年代初期の Aaker（1991）や Keller（1993）の切り口は、1996年の Aaker の著書のタイトル "Building Strong Brands" からもわかるように、「強いブランド」の創造に焦点が当てられていた。この考え方は、消費者にとって絶対的に選びやすいブランドというものが存在するという前提に立っている。たとえば、Keller の顧客ベースのブランド・エクイティモデルは、記憶の連想ネットワークモデル（Associative Network Memory Model: Anderson, 1983; Anderson and Bower, 1974）に基づき、ブランド知識（Brand Knowledge）の構造を明らかにしている。Keller は、ブランド・イメージを含む消費者のブランドに関する知識が、購買意思決定に顕著な影響を与えることから、このブランド知識こそがブランド・エクイティの源泉であると主張した。そのうえで、「強いブランド」を創造するには、幅広くブランドを認知させることと、消費者のブランド連想を好意的（Favorable）で、強固（Strong）で、且つユニーク（Unique）なものに保つことが重要であると述べた。

ブランド・エクイティの構造に関する理論的理解が進むにつれて、次に注目を集めたのがブランド・アイデンティティ（Brand Identity; Aaker, 1996; Kapferer, 1997）である。ブランド・アイデンティティは、企業が自ら定義づける「そのブランドがどういうものであるべきか」を表す概念である。この概念は、ブランド・エクイティを他の企業よりも優位に保つために、企業が自らのブランドをどのように設計（デザイン）するべきかという、より戦略的な視点から生まれたブランド構築のための概念であると言える。Brand Identity System（Aaker, 1996）や Brand Identity Prism（Kapferer, 1997）は、企業が明確且つユニークで、一貫性のあるブランド・アイデンティティを確立するためのフレームワークであり、これらの「強いブランド」の創造を目的としたフレームワークは現在も実務・学術両面において広く活用されている。

この潮流に沿ったアスリート・ブランディング研究に、Arai et al.（2013, 2014b）の研究がある。Arai et al. は、Keller（1993）のブランド・エクイティ理論に基づきアスリートのブランド・イメージの構造を明らかにし、効果的なブランド・イメージ構築戦略の提言を試みた。Arai et al. の Model of Athlete Brand Image では、アスリートのブランド・イメージは、勝敗やプレイスタイルなどの競技に関わるオン・フィールド要素と、魅力的なライフスタイル、容姿の美しさ、ファンとのコミュニケーションなどの競技に関わらないオフ・フィールド要素の双方によって構成されている。アスリートは、自らのブランド・イメージを構築・維持するために、パフォーマンス、外見的魅力、そしてライフスタイルのそれぞれの因子について、ファンにどのようなイメージを浸透させたいかという視点でブランド・アイデンティティを確立する必要がある（Lohneiss et al., 2017）。

Keller（1993）はこのブランド連想を好意的で、強固で、且つユニークなものに保つことが重要であるとしたが、アスリートのブランド・イメージを構築する際には、それだけではなく、一貫性（Consistency）を保つことや（Thomson, 2006）、「公の人格」があまりにも「本当の人格」と乖離しないように真正性（Authenticity）を保つこと（Brown et al., 2003; Moulard et al., 2015）を最初の設計段階で考慮する必要がある。なぜなら、アスリートはブランドでありながらひとりの人間であるため、複数のアイデンティティを同時に有しており、そのアイデンティティはライフステージによって大きく変化してゆくからである。そしてその変化は企業・製品ブランドよりも早く、必ず起こる。たとえば、元プロ野球選手の桑田真澄氏は、高校時代に「甲子園のスター」として脚光を浴びた後、「巨人のエース」としての地位を築き、現役引退の直前にはメジャーリーグに「オールドルーキー」として挑戦した。引退後は、大学院で修士号を取得し、現在は指導者や野球解説者として活躍しており、私生活では父親としての顔も持つ。このように、複数のブランド・アイデンティティを持ち、それらが時期によって大きく変化するアスリートのブランドの価値を効果的に創造するためには、ライフステージに合わせて、ブランド・アイデンティティを変化・適応させていく必要がある（新井, 2017）。

人がどのように自らを「ブランディング」するかという課題は、コミュニケーション領域においても検討されてきた。コミュニケーション領域では、セルフ・マーケティング（Self-Marketing）や、パーソナル・ブランディング（Personal Branding）という概念が存在する。これらの概念は、Goffman（1959）のセルフ・プレゼンテーション（Self-Presentation）理論に基づいて議論されてきた。セルフ・プレゼンテーション理論によれば、人は自分のアイデンティティを、特定の対象に向けて（ファッションや、振る舞いなどによって）意図的に顕示し、意図したアイデンティティと一貫した自分を演じることがある。これは、有名人のように「公の人格」を持たなくとも、誰もが職場や日常のコミュニケーションの中でとる行動である。Peters（1997）による "The Brand Called You" は、パーソナル・ブランディングという概念を一般的に浸透させた有名なエッセイであるが、他者との差異化を図るためのユニークなアイデンティティの確立や、口コミによるセルフ・マーケティングの有効性といったアスリート・ブランディングにつながる示唆に富んでいる。近年、Facebook や LinkedIn などのサイバースペース上においてプロフィールを公開すること、つまりオンライン・アイデンティティを作り上げることが一般的になった。これに伴い、セルフ・プレゼンテーション理論や、パーソナル・ブランディングに関する議論が再び活発になっている（Labrecque et al., 2011）。たとえば Smith and Sanderson（2015）は、アスリートが Instagram を利用したセルフ・プレゼンテーションによって、ファンや消費者の

心象にどのような影響を与えようとしているかについて、パターンの抽出を行っている。また、Geurin-Eagleman and Burch（2016）は、オリンピアンがInstagramに投稿した写真を分析し、女性アスリートはプライベートの自撮り写真を頻繁に投稿するのに対して、男性アスリートはフォロワーのエンゲージメントを意識した様々な写真を投稿するという傾向を明らかにした。

現在、ブランド構築を目的とし、マーケティング領域で扱われるアスリート・ブランディングの研究と、コミュニケーション領域において効果的なコミュニケーションを主題として論じられるパーソナル・ブランディングは、同じ「ブランディング」という言葉を用いながらも、そのアプローチの違いから、研究・実践において共に扱われることがほとんどない。このアプローチの違いを理解した上で、研究や実践の目的によって双方の理論を使い分ける必要がある。たとえば、アスリートの長期的なブランド戦略立案のためのブランド分析などには、マーケティングのアプローチが有効であるが、アスリートに対するブランディング教育やコンテンツ開発を目的とする場合には、ワークシートなどの多くのツールを生み出してきたパーソナル・ブランディング研究を参照することが有益であろう。アスリートと消費者との接点が増加し、コミュニケーションの複雑さが増す中、学際的な性質を持つスポーツマネジメント独自の発展が期待される分野である。

価値の提供・維持

「価値の創造」の潮流では、ブランド・エクイティの構造を理解した上で、どのようにブランドを設計し、ブランド価値を構築するかという問題が議論の中心にあったが、「価値の提供・維持」の潮流では、すでに設計されたブランドをどのように実際に市場に提供し、ブランド価値を維持するかに研究の焦点が移る。この潮流が生まれた背景として、青木（2011）は、2000年以降に市場がコモディティ化する中、コモディティ化回避に向けた道筋としてブランディングへの関心が高まったことを指摘している。この潮流に位置づけられるブランディング研究には、より複雑なコンテクストが組み込まれ、絶対的に「強いブランド」の創造ではなく、特定の状況や特定のターゲットセグメントに対して有効なブランド戦略について論じられるようになった。また、ブランド価値を維持するために、ブランドが顧客との間に築く「関係性」についての議論も展開される（青木, 2012）。

ここで登場するのが、既存のブランド・エクイティの活用戦略としてのブランド拡張（Brand Extension; Aaker and Keller, 1990）や共同ブランディング（Co-Branding; Park et al., 1996; Washburn et al., 2000）といった概念である。ブランド拡張とは、既存のブランド・エクイティを利用して新しい産業・分野に参入する戦略である（e.g., ブリジストンのゴルフ産業への参入）。共同ブランディングとは、市場ですでに確立されている自社ブランドと他社ブランドのブランド・エクイティをリンクさせ、より優れた、固有のブランド・エクイティを創造するというブランド戦略である（e.g., レッドブルとアクションスポーツ）。

この共同ブランディングという概念は、スポーツマネジメント研究において活発に行われてきたスポンサーシップ研究に新たな切り口をもたらした。備前（2012）が記しているように、アスリートは効果的なエンドーサーとして長く研究の対象となってきた。しかし、ブランディング研究においては、アスリートは企業の商業的メッセージを伝達する媒体としてのエンドーサーではなく、積極的な価値共創の主体である共同ブランディグのパートナーとして理解することができる。このような理解に基づき、Ilicic and Webster（2013）は、アスリートがすでに確立しているブランド・イメージが、共同する製品や企業のブランド・イメージと合致しない場合には、そのアスリートの起用はその企業にとって有益な効果を生まないと主張した。また、Chang et al.（2014）は、マッチアップ仮説（Match Up Hypothesis; Kamins, 1990）に基づき、アスリートとスポンサーの適合度（Match）を相互のブランド・イメージの適合性で評価す

る Model of Strategic Match in Athlete Endorsement（MSMSE）を開発した。

　このように、エンドーサーとして扱われてきたアスリートを主体的なブランディング・パートナーとして理解することで、アスリートのマネジメントに特異な課題や現象をブランド研究の概念に基づいて分析することが可能になった。たとえば、アスリートが家庭内暴力やドーピングなどのスキャンダルに関与した際に、どのように対処すべきかに関しては、ブランドの危機管理対応やブランド再構築に関する先行研究を応用することができる（Agyemang, 2011）。また、アスリートのキャリア研究においても、アスリートが引退後にコーチや解説者へ転身する現象をブランド拡張として捉え、その理論を応用することができる。このように、ブランド価値の維持・拡大戦略に関する理論の適応範囲は広いが、アスリートのブランドへの適応については、未開拓な分野が存在すると言えよう。

　そして、「価値の提供・維持」の潮流におけるもう一つの重要な研究テーマが、ブランドと顧客との「関係性」の構築である。この研究テーマにおける重要な概念のひとつがブランド・パーソナリティ（Brand Personality）である。ブランド・パーソナリティはブランドから連想される人間的特性と定義され、ブランド・イメージを構成する重要な一部であると考えられている（Aaker, 1997）。消費者がブランドの中に人間的な特徴を見出し、友人や恋人を選ぶようにブランドを選択する現象については、早くから指摘されていた（Aaker, 1996; Keller, 2008; King, 1970; Levy, 1959; Plummer, 1985）。Aakerは、心理学においてビック・ファイブと呼ばれる人の性格5大因子構造（Briggs, 1992）を製品や企業に応用し、「洗練（Sophistication）」、「刺激（Excitement）」、「素朴（Ruggedness）」、「能力（Competence）」、そして「誠実（Sincerity）」という5因子でブランドのパーソナリティを表現した。これ以降、ブランド・パーソナリティ因子をどのようにコミュニケーションに活用し、顧客との好意的な関係を維持するべきかという戦略的応用が可能になった。たとえば、自己一貫性理論（Self-Congruency Theory; Sirgy, 1982）に基づけば、ブランド側はターゲットである消費者の自己概念と適合するブランド・パーソナリティを強調することで消費者からのポジティブな反応を期待できる（Carlson et al., 2009）。このように、ブランド・パーソナリティ研究がブランドと消費者の関係を人と人との関係に置き換えたことによって、社会心理学の対人関係理論をブランド研究の理論的枠組みとして応用することが可能になった。そして、対人関係理論に基づいた研究は、それ以降のブランドと顧客との関係性に焦点を当てた研究の理論的基盤を築いた。

　このブランド・パーソナリティという概念はアスリートのブランディングにおいても応用されてきた。Carlson and Donavan（2013）のアスリートのブランド・パーソナリティに関する研究は、著者の知るところでは、いち早くアスリートのブランディングを扱った研究である。Carlson and Donavanは、人間のパーソナリティが変わることのない生まれ持った特性（Innate State）であるのに対し、ブランド・パーソナリティは外的要因によって影響を受ける一時的な状態（State）であると指摘している。製品のブランド・パーソナリティが顧客の記憶の中に形成されるブランド・イメージの一部であるように、アスリートのブランド・パーソナリティはアスリートの生まれ持った特性ではなく、あくまで消費者がメディアなどを通して把握したパーソナリティに関するイメージなのである。この研究では、Aaker（1997）のブランド・パーソナリティのフレームワークに基づいて、5つのアスリート特有のパーソナリティ因子を抽出している：「タフな（Tough）」、「成功している（Successful）」、「魅力的な（Charming）」、「健全な（Wholesome）」、「想像力に富んだ（Imaginative）」。Carlson and Donavanによれば、消費者は、あるアスリートのブランド・パーソナリティを連想することで、そのアスリートが魅力的な社会グループに属していると認識し、そのアスリートにアイデンティティを感じるという傾向を検証している。ここで、重要視されているのは、多くの人にとって選ばれやすい「強いアスリート・ブランド」を

創造することではなく、アスリートのブランド・パーソナリティという情報を、ターゲットとなる顧客のニーズに合わせてどのように提供するかという視点である。

価値の共創

「価値の提供・維持」に関する研究では、コンテクストを重視し、特定の市場におけるブランド価値の維持が主題であったが、「価値の共創」では、企業と消費者の間でブランド理解を共有する具体的な方法が模索される。特に、購買意思決定のプロセスだけではなく、購入後の消費プロセスにおける消費者との関係性を理解するために展開されていくのがブランド・エクスペリエンス（Brand Experience; Brakus et al., 2009）研究である。Brakus et al. はブランド・エクスペリエンスを、ブランドに関する刺激によって引き起こされた消費者の主観的（感覚的、情緒的、または認知的）および行動的な反応であると定義している。

ブランド・エクスペリエンスの特徴は、ブランドが一方的に提供する「便益（Benefit）」ではなく、顧客が積極的に「価値共創（Value Co-Creation）」に参加する過程において得られる経験価値に重きが置かれている点である。言い換えれば、どのようなブランドの情報が消費者に提供されブランド知識として蓄積されるかではなく、どのような経験によって「価値」が創造されるかが重要である。そして、企業は、消費者が経験価値を得るための接点（タッチポイント）をどのように設計すべきかという実践的な問題が議論される（青木, 2011）。

ブランド・エクスペリエンス研究が、消費プロセスにおける価値共創に注目したことは、前述のブランド・パーソナリティ研究がブランドと消費者の関係性に焦点を当てた流れに沿っている。これは、ブランディング研究の主題が「強いブランドの創造」から「顧客とブランドとの価値共創と関係性の構築」へと発展したことを示唆している（Allen et al., 2008）。そして、この新しい主題に取り組む研究は、ブランド・リレーションシップ（Brand Relationship）研究という分野を形成していく。ブランド・リレーションシップ研究では、消費者とブランドの関係は、人間関係と同様に、コミュニケーションを通して相互に影響を与え合う関係となりうると考えられる。ブランド価値は、ブランド側から提供されるだけではなく、消費者がブランドとの経験の中で自ら見出すものであるという考え方である。たとえば、あるメーカーのスポーツシューズを履いて運動会で一等賞を取った、というひとつの経験から、「大事なレースのパートナー」という価値をそのブランドに見出し、それ以来、成長してからも大事なレースの時は決まってそのメーカーのシューズを履くようになった、というようなケースである。

このように、ブランドが消費者の生活を支えるパートナーとして存在し、また、消費者とブランドが「価値共創」という相互的なコミュニケーションを繰り返すことによって、そこに絆が生まれる（Fournier, 1998）。ブランド・リレーションシップ研究では、市場での競争的優位や、消費者の（再）購買意思決定には主眼を置かず、価値共創の過程で消費者とブランドの間に情緒的な絆（Emotional Bonds）が生まれるかを検討する（Fournier, 1998, 菅野, 2011）。消費者とブランドの人間的な関係という概念は新しいものではない。「価値の提供・維持」の節で扱った、ブランド・パーソナリティも消費者がブランドの中に人間的な特徴を見出し、付き合う人間を選ぶようにブランドを選択する現象について説明している。しかし、ブランド・パーソナリティ研究では、消費者が知覚するブランドの特徴であるブランド・パーソナリティ因子が、どのように購買行動に影響するかに焦点があった。それに対して、ブランド・リレーションシップ研究ではブランドの特徴ではなく、関係性そのものの理解と、その関係から消費者側が得る象徴的な価値に焦点が当てられている。

Allen et al.（2008）は、このような「価値共創」と「関係性」を重視するブランディングの捉え方を、ブランド観の新しいパラダイムであると述べている。従来のブランディング研究におけるブラ

ンドは、消費者の購買意思決定におけるリスク回避や単純化を促進する情報媒体であると理解されていた。それに対して、新しいブランディング研究におけるブランドは、単なる情報媒体ではなく、消費者の日々の生活に意味を与えるものであると解釈される。また、消費者は受動的にブランドに関する情報・価値を受け取るだけではなく、積極的な経験を通して、ブランドに自ら意味を見出す価値の共創者であると考えられる。

さらに、Allen et al.（2008）は、このブランド価値共創活動において、企業が価値の作り手のひとりに過ぎないことを強調する。従来のブランド研究では、ブランド・エクイティは個人の記憶の中に蓄積されると考えられていたが（Keller, 1993）、Allen et al. はブランドの意味は、文化として集団的に形成されていくと主張する。特定のブランドへの関心によって結びついた消費者同士がコミュニティを形成し、その中でブランドに文化的意味を付与してゆく過程はブランド・コミュニティ（Brand Community; Muniz and O'Guinn, 2001）研究で議論されている。しかし、ブランド価値を決定するのは、企業やブランド・コミュニティに限らない。Allen et al. は、政治情勢、経済状況、人口動態、科学の発展、映画や他のポップカルチャーといった様々な要素によって形成された人々の文化的価値観がブランド価値に大きな影響を与えると指摘している。

この「価値の共創」という潮流は、アスリート・ブランディング研究に重要な示唆を与えている。ブランドとしてのアスリートと消費者の関係は人間関係でありながら、そのパラソーシャルな性質（一方だけが相手に興味を持っていて、もう片方は相手の存在も知らないといった一方的な関係）から、一般的な対人関係とは異なる。この点について、Thomson（2006）はセレブリティやアスリートのような人のブランド（ヒューマン・ブランド）と消費者の関係は、真に双方向的な関係にはなりえないとしながらも、一対一で顔を合わせているような感覚を消費者が体験することは可能であると説明している。Thomson はセレブリティなどのヒューマン・ブランドと消費者の

「関係性」を分析するために、自己決定理論（Self-Determination Theory: Ryan and Deci, 2000）を応用している。自己決定理論は、人間が主体的に周囲との関係を築きながら、肉体的・精神的に発達していくために基本となる心理的欲求として、「有能さ（Competence）の欲求」、「自律性（Autonomy）の欲求」、そして「関係性（Relatedness）の欲求」を挙げている。Thomson は、これらの欲求を充足するような環境をヒューマン・ブランドが提供する際に、消費者はヒューマン・ブランドとの間に人間的な関係性を築くという仮説を検証した。

さらに、Arai et al.（2014a）は、アスリート・ブランドが消費者の自己概念の形成や拡張の手助けをするという観点から、「自己との結びつき（Self-Brand Connection）」概念について検証している。対人関係に、友人関係、ビジネス関係、対立関係といった様々な類型が存在するように、ブランドと消費者の関係性もその特性や関係の強さは多岐にわたる（Fournier, 1998）。その中で、「自己とブランドの結びつき」という概念は消費者がブランドをアイデンティティの一部として組み込み、また自己拡張の道具として自らのアイデンティティに同一化させる度合いを表している（Escalas, 2004; Escalas and Bettman, 2003; 2005; 2009）。消費者があるブランドの製品を購入するとき、そのブランドの象徴的な価値は、その消費者が自己概念を確立するため、またそれを他人に表現するために利用される。同様に、あるアスリートのファンはそのアスリートをロールモデルとして捉え、そのアスリートが持つ象徴的な価値を自らの思考や行動規範に照らし合わせる（Arai et al, 2014a）。したがって、「自己とブランドの結びつき」はアスリートとファンの関係性を説明するうえで有用であると言える。Thomson（2006）の研究結果も間接的ではあるが、アスリートとそのファンの間にメンターとメンティーのような関係性が生まれることを示唆している。この観点から、消費者はひとりのアスリートを追いかけるとき、そのアスリートの生き方やプレイスタイルの中に人生哲学や価値観を見出し、それらを自己概念や理想の自分像を形成するために役立てていると考

えられる。さらに、そのアスリートのファンであるということを周囲に示すことによって、自分がどのような価値観を持った人間であるかを表現しており、そのような関係性を保つことによって、ファンはアスリートを自分のアイデンティティの一部として組み込むのである。

Arai et al.（2014a）は、このアスリートとファンの結びつきを、アスリートのスキャンダルというコンテクストを用いて検証している。Arai et al. の実験研究は、ファンが自己とアスリートとの間に強い結びつきを感じている場合、そのアスリートが起こしたスキャンダルを自分に起きたことのように感じ、自分のアイデンティティへの脅威だと感じるということを示した。この節で議論した自己決定理論や「自己とブランドの結びつき」という概念は、他のコンテクストにも応用可能である。たとえば、人は特に思春期にアスリートへの執着をみせるが（Hyman and Sierra, 2010）、この現象も自己概念確立の欲求からの行動であると解釈することができる。このように、特異なファン心理やファン行動を解明するために、関係性のブランディング理論は有効なフレームワークになりうる。

価値共創の主体としての文化と消費者

Allen et al.（2008）は、ブランド価値共創において企業が価値の作り手のひとりに過ぎないことを強調したが、これは従来のアスリート・ブランディング研究では見過ごされていた観点であった。これは、ブランド・エクイティが、ブランドの総資産価値を把握・評価することを目的とした概念であったことが関係している。つまり、ブランド・エクイティを用いた従来のアスリート・ブランディング研究は、純粋にアスリートの価値を評価することが目的であり、その他の要素（所属チームの特徴やスポーツそのものの性質）は、度外視せざるを得なかったのである。しかし本論の前段にて述べたように、アスリート・ブランドが文化的な価値を象徴するシンボルであることを考えれば、アスリート・ブランディング研究は消費者文化の影響を考慮に入れなくてはならない。また、消費者の自己概念も文化的価値観や世界観の影響を受ける。その点で、今後のアスリート・ブランディング研究にとって有用な理論的枠組みになりうるのが、消費者文化理論（Consumer Culture Theory: CCT; Arnould and Thompson, 2005）である。

CCT は、社会文化、消費経験、象徴的価値といった文化的背景の複雑性に焦点を当てて消費者を分析した研究の統合を目指して Arnould and Thompson（2005）が提唱した理論的枠組みである。Allen et al.（2008）は、ブランド価値の創造者は企業とその企業を取り巻く文化創造システムであるとし、ブランドの価値の源泉を消費者や市場の文化に求めている（Holt, 2004）。たとえば、Allen et al. は、ハーレー・ダビッドソンやコカ・コーラなどのアメリカを代表するブランドの価値が、経済状況やサブ・カルチャーの影響を受けつつ構築されていった事例を挙げている。

この CCT の観点をアスリートに当てはめれば、アスリート・ブランドが文化的背景の影響を受けて形成されていくものと解釈できる。そして、そのブランド価値を正確に理解するためには、時代や文化の影響を無視できないことがわかる。たとえば、テニスのスタープレーヤーであったマルチナ・ナブラチロワは、1981 年に、自らが同性愛者であることをカミングアウトしたが、当時そのことで多くのスポンサーを失ったと言われている。それに対して、2014 年のソチオリンピックで銀メダルを獲得したフリースタイルスキーヤーのガス・ケンワーシーは同様のカミングアウトをした結果、新たに VISA や TOYOTA といった大手のスポンサーを獲得している（Fisher, 2017）。この背景には、同性愛への理解が社会全体で進んだことがあると考えられる。

このように、アスリートのブランド価値は、社会・文化によって大きく影響を受けており、それを検証するために CCT は有用である。一方で、CCT 研究に対してはいくつかの反論もある。たとえば、定性調査への方法論的な偏りや、実践への貢献の難しさが指摘されている（吉田・水越,

2012)。今後のアスリート・ブランディング研究においても、CCTを枠組みは有用であるが、さまざまな研究デザインを用いた研究成果を蓄積し、さらに、それらの研究成果に基づいて、より実践的なフレームワークが提示されることが望まれる。

　消費者による価値共創についても、ソーシャルメディアのようなニューメディアの出現によって、新たな研究課題が生まれている。たとえば、ファンがアスリートのブランド価値共創にコンテンツ生産という形で関わるという現象がある。McCarthy（2011）は、スポーツにおけるユーザー生成コンテンツ（User-Generated Content: UGC）に注目している。この研究では、体操選手のファンがその選手のビデオや画像などを自ら作成し、それを他のファンと共有する事例が報告されている。このようなユーザーの手によって制作・生成されたコンテンツは、知識の創造・蓄積・活用のメカニズムを扱う情報科学や、社会学、コンテンツ産業論、ファン研究など、幅広い分野において研究対象として取り上げられている。従来のアスリートのブランドマネジメントでは、肖像権の保護など、アスリートの利益やニーズが最優先に考えられることが多かった。もちろん、アスリートの権利を守ることは重要な問題であるが、今後の研究では消費者やファングループの価値創造活動がアスリートのブランド価値に与える影響についても検証の必要がある。

終わりに

　アスリートの身体的な特徴、卓越したパフォーマンス、そしてライフスタイルは、「スポーツマンシップ」や「ヒロイズム」といった文化的価値や、「オリンピズム」のようなイデオロギーを体現する。アスリートが世界中の人々を惹きつけるのは、そういった文化的価値やイデオロギーに、文化圏や時代を超えて、多くの人が共感するからである。このように、文化圏や時代を問わず多くの人が好む「ユニバーサルな」ブランドの性質を探求すること、またそこにアスリートのブランド価値を求めることは重要である。

　一方で、アスリートのブランド価値は、普遍的なものに加えて、特定の時代に、特定の文化圏において重要な価値観をどれだけ体現しているかによっても左右される。また、ユニバーサルな価値だけではアスリートが自らをブランドとして差異化しにくいという問題もある。したがって、アスリートのブランド価値を研究する際は、特定の時代に、特定の文化圏において重要な価値観を、特定の消費者グループに対してどれだけ効果的に伝えることができるか、その消費者グループが持つ欲求やアイデンティティを強く掻き立てる存在かどうかという観点からも検討されるべきである。また、アスリートのブランド価値の創造は、常にアスリート側から行われるのではなく、消費者やファングループによって行われる場合もある。したがって、アスリートのブランド価値のマネジメントには、従来検討されてきたユニバーサルな価値のマネジメントに加え、特定の文化的な集団における価値のマネジメントが必要である。

　本論ではアスリートのブランド価値のマネジメントについて論じてきた。ブランディング研究がその焦点を移しながら、新しい概念を生み出し、学問的な発展を遂げてきたことに伴い、アスリートのブランディングにおいてもブランド価値の創造、価値の提供・維持、価値の共創とそれぞれのテーマにおいて他の学問分野と結びつき、その領域を築き始めている。今後さらに、スポーツが持つ特異な文化的意味や、スポーツファンという特殊な文化集団に焦点を当て、それらがアスリート・ブランドに及ぼす影響についても検討されるべきであろう。その中で、アスリート・ブランディングが消費者行動論におけるCCTやコンテンツ産業論のUGCといった他分野の概念と結びつき、スポーツマネジメント研究独自の発展を遂げることを期待して結びとしたい。

【文献】

Aaker, D. (1991) Managing brand equity. Free Press: New York, NY, USA.

Aaker, D. (1996) Building strong brands. Free Press: New

York, NY, USA.

Aaker, J. L. (1997) Dimensions of brand personality. Journal of Marketing Research, 34: 347-356.

Aaker, D. A. and K. L. Keller (1990) Consumer evaluations of brand extensions. The Journal of Marketing, 54: 27-41.

Agyemang, K. J. (2011) Athlete brand revitalisation after a transgression. Journal of Sponsorship, 4 (2): 137-144.

Allen, C. T., Fournier, S. and Miller, F. (2008) Brands and their meaning makers. In: C. P. Haugtvert, P. M. Herr, and F. R. Kardes (Eds.) Handbook of consumer psychology, Lawrence Erlbaum Associates: Hillsdale, NJ, USA, pp. 781-822.

Anderson, J. R. (1983) A spreading activation theory of memory. Journal of Verbal Learning and Verbal Behavior, 22 (3): 261-295.

Anderson, J. R., and Bower, G. H. (1974) A propositional theory of recognition memory. Memory & Cognition, 2 (3): 406-412.

青木幸弘（2011）ブランド研究における近年の展開：価値と関係性の問題を中心に．商学論究，58（4）：43-68．

青木幸弘（2012）ブランド エクイティ研究の展望〜価値をめぐる議論の系譜を中心に〜．JACS公開セミナー「ブランド戦略を展望する：理論と実務の現在と未来」．Retrieved March 5, 2018 from http://www.jacs.gr.jp/announcement/20120305_AOKI.pdf

新井彬子（2017）「アスリート・ブランディング」，よくわかるスポーツマーケティング（仲澤眞・吉田政幸編著），ミネルヴァ書房．

Arai, A., Ko, Y. J., and Asada, A. (2014a) Athlete scandals as consumers' identity threats: The moderating roles of self-brand connection and self-construal. 2014 North American Society for Sport Management conference, Pittsburgh, PA. Oral Presentation.

Arai, A., Ko, Y. J., and Kaplanidou, K. (2013) Athlete brand image: Scale development and model test. European Sport Management Quarterly, 13 (4): 383-403.

Arai, A., Ko, Y. J., and Ross, S. (2014b) Branding athletes: Exploration and conceptualization of athlete brand image. Sport Management Review, 17 (2): 97-106.

Arnould, E. J., and Thompson, C. J. (2005) Consumer culture theory (CCT): Twenty years of research. Journal of Consumer Research, 31 (4): 868-882.

備前嘉文（2012）アスリートによるエンドースメントの概念の検討．スポーツマネジメント研究，4（1）：17-29．

Brakus, J. J., Schmitt, B. H., and Zarantonello, L. (2009) Brand experience: What is it? How is it measured? Does it affect loyalty? Journal of Marketing, 73 (3): 52-68.

Briggs, S. R. (1992) Assessing the Five‐Factor Model of personality description. Journal of Personality, 60 (2): 253-293.

Brown, G.H. (1953) Brand loyalty. Advertising Age, 24: 28-35.

Brown, S., Kozinets, R. V., and Sherry Jr, J. F. (2003) Teaching old brands new tricks: Retro branding and the revival of brand meaning. Journal of Marketing, 67 (3): 19-33.

Carlson, B. D., and Donavan, D. T. (2013) Human brands in sport: Athlete brand personality and identification. Journal of Sport Management, 27 (3): 193-206.

Carlson, B.D., Donavan, D.T., and Cumiskey, K.J. (2009) Consumer-brand relationships in sport: Brand personality and identification. International Journal of Retail and Distribution Management, 37 (4): 370–384.

Chang, Y., Ko, Y. J., Tasci, A., Arai, A., and Kim, T. (2014) Strategic match of athlete endorsement in global markets: An associative learning perspective. International Journal of Sports Marketing and Sponsorship, 15 (4): 40-58.

Copeland, M. T. (1923) Relation of consumers' buying habits to marketing methods. Harvard Business Review, 1 (3): 282-289.

Cunningham, R. M. (1956) Brand loyalty-what, where, how much. Harvard Business Review, 34 (1): 116-128.

Escalas, J. E. (2004) Narrative processing: Building consumer connection to brands. Journal of Consumer Psychology, 14 (1&2): 168-180.

Escalas, J. E. and Bettman, J.R. (2003) You are what they eat: The influence of reference groups on consumers' connection to brands. Journal of Consumer Psychology, 13 (3): 339-348.

Escalas, J. E. and Bettman, J. R. (2005) Self-construal, reference groups, and brand meaning. Journal of Consumer Research, 32: 378-389.

Escalas, J. E. and Bettman, J. R. (2009) Self-brand connections: The role of reference groups and celebrity endorsers in the functions of brand relationships. In: D. J. MacInnis, C. W. Park and J. R. Priester (Eds.), Handbook of brand relationships, M. E. Sharpe: Armonk, NY, USA, pp.65-81.

Fisher, B. (2017) After coming out, Kenworthy finds more interest from sponsors. Street & Smith's SportsBusiness Journal. Retrieved March 21, 2018, from https://www.sportsbusinessdaily.com/Journal/Issues/2017/10/09/Olympics/Kenworthy.aspx

Fournier, S. (1998) Consumers and their brands: Developing relationship theory in consumer research. Journal of Consumer Research, 24 (4): 343-373.

Geurin-Eagleman, A. N., and Burch, L. M. (2016) Communicating via photographs: A gendered analysis of Olympic athletes' visual self-presentation on Instagram. Sport Management Review, 19 (2): 133-145.

Goffman, E. (1959) The presentation of self in everyday life. Doubleday Anchor Books: Garden City, NY, USA.

Holt, D. B. (2004) How brands become icons: The principles of cultural branding. Harvard Business School

Press: Boston, MA, USA.

Hasaan, A., Kerem, K., Biscaia, R., & Agyemang, K. (2018). A conceptual framework to understand the creation of athlete brand and its consequences. International Journal of Sports Marketing and Management, 18 (3), 169-198.

Hyman, M. R., and Sierra, J. J. (2010) Idolizing sport celebrities: A gateway to psychopathology? Young Consumers, 11 (3): 226-238.

Ilicic, J., and Webster, C. M. (2013) Celebrity co-branding partners as irrelevant brand information in advertisements. Journal of Business Research, 66 (7): 941-947.

IMG JAPAN. (n.d.) Retrieved September 29, 2017, from https://www.imgjapan.com/business/client.html

Kamins, M. A. (1990) An investigation into the "match-up" hypothesis in celebrity advertising: When beauty may be only skin deep. Journal of Advertising, 19 (1): 4-13.

Kapferer, J. N. (1997) Strategic brand management: Creating and sustaining brand equity long term. Kogan Page: London, UK.

Keller, K. L. (1993) Conceptualizing, measuring, and managing customer-based brand equity. Journal of Marketing, 57: 1-22.

Keller, K. L. (2008) Strategic brand management: Building, measuring and managing brand equity (4th ed.) Prentice Hall: Upper Saddle River, NJ, USA.

King, S. (1970) What is a brand? J. Walter Thompson Company: London, UK.

Labrecque, L. I., Markos, E., and Milne, G. R. (2011) Online personal branding: Processes, challenges, and implications. Journal of Interactive Marketing, 25 (1): 37-50.

Levy, S. J. (1959) Symbols for sale. Harvard Business Review, 37 (4): 117-124.

Lohneiss, A., Sotiriadou, P., Hill, B. and Hallmann, K. (2017) Athletes' brand identity and brand image. Research advancements and the development of an athlete brand identity scale. The 25th EASM Conference.

McCarthy, B. (2011) From Shanfan to Gymnastike: How online fan texts are affecting access to gymnastics media coverage. International Journal of Sport Communication, 4 (3): 265-283.

Moulard, J. G., Garrity, C. P., and Rice, D. H. (2015) What makes a human brand authentic? Identifying the antecedents of celebrity authenticity. Psychology & Marketing, 32 (2): 173-186.

Muniz, A. M., & O'Guinn, T. C. (2001) Brand community. Journal of Consumer Research, 27 (4): 412-432.

Park, C.W., Jun, S.Y. and Shocker, A.D. (1996), Composite branding alliances: An investigation of extension and feedback effects, Journal of Marketing Research, 33 (4): 453-66.

Peters, T. (1997) The brand called you. Fast Company, 10 (10): 83-90.

Plummer, J. T. (1985) How personality makes a difference. Journal of Advertising Research, 24 (6): 27-31.

Ryan, R. M. and Deci, E. L. (2000) Self-determination theory and the facilitation of intrinsic motivation, social-development, and well-being. American Psychologist, 55: 68-78.

菅野佐織（2011）ブランド・リレーションシップ概念の整理と課題．駒大経営研究，42（3）：87-113．

Sirgy, M. J. (1982) Self-concept in consumer behavior: A critical review. Journal of Consumer Research, 9: 287-300.

Smith, L. R., and Sanderson, J. (2015) I'm going to Instagram it! An analysis of athlete self-presentation on Instagram. Journal of Broadcasting & Electronic Media, 59 (2): 342-358.

田中洋（1997）ブランド志向のマーケティング管理概念序説．城西大学経済経営紀要，15（1）：71-85．

Thomson, M. (2006) Human brands: Investigating antecedents to consumers' strong attachments to celebrities. Journal of Marketing, 70 (3): 104-119.

Washburn, J. H., Till, B. D., and Priluck, R. (2000). Co-branding: brand equity and trial effects. Journal of Consumer Marketing, 17 (7): 591-604.

吉田満梨・水越康介（2012）消費経験論の新展開に向けて．流通研究．14（1）：17-34．

（2017年10月31日受付）
（2018年10月12日受理）

【原著論文】

チーム・アイデンティフィケーション：
理論的再検証

Team identification: A theoretical reexamination

出口順子 [1]　辻洋右 [2]　吉田政幸 [3]

1) 東海学園大学、2) 立教大学、3) 法政大学

Abstract

　Over the last three decades, the conceptual and theoretical importance of team identification has increased. However, many previous studies have confused role identity-based team identification with the group identity-based approach, failing to distinguish between these two constructs. In light of this concern, the current study presents a thorough review of the key concepts and theories underlying team identification. Through a conceptual analysis, we explained the construct of team identification and its impact on consumer behavior on the basis of four relevant theories (identity theory, social identity theory, organizational identification theory, and the consumer-company identification framework). Furthermore, an empirical study, which was a complementary part of this research, showed that the impact of group identity-based team identification on consumers' collective self-esteem and behavioral loyalty was stronger than that of role identity-based team identification. Our conceptual arguments and directions for future research contribute to the advancement of knowledge on sport fans.

Key words:　team identification, social identity theory, identity theory, fan community identification

キーワード：チーム・アイデンティフィケーション、社会的アイデンティティ理論、アイデンティティ理論、ファンコミュニティ・アイデンティフィケーション

連絡先：出口順子
東海学園大学
〒 470-0207　愛知県みよし市福谷町西ノ洞 21-233

Address Correspondence to: Junko Deguchi
Tokaigakuen University
21-233 Nishinohora Ukigai-cho Miyoshi Aichi, 470-0207, Japan
Email: deguchi@tokaigakuen-u.ac.jp

＊研究において著者の貢献度は同等であったことから、名前はアルファベット順とした

緒言

　今日、野球、サッカー、バスケットボール、ラグビーフットボール、バレーボールなどの団体競技はスポーツ観戦として人気がある。これらの競技を観戦する人々の多くが好みのチームを持ち、選手たちに声援を送る。こうした人々は応援するチームに対して単に好意を抱いているのではなく、チームと同じ目標や価値観を共有することで共同体意識を形成している（Mael and Ashforth, 2001）。この共同体意識は別名チーム・アイデンティフィケーション（team identification：以下チームIDと略す）と呼ばれており、チームの競技的成功だけでなく、成績不振時の悔しさや憤りさえも自己の体験として捉える心理状態である（Gwinner and Swanson, 2003；仲澤・吉田，2015；出口，2017）。スポーツマネジメント領域ではこのチームIDに関する研究が増加傾向にあり（図1）、これは北米のプロスポーツ（Fisher and Wakefield, 1998; Watkins, 2014）やカレッジスポーツ（Wann and Branscombe, 1993）に限ったことではなく、ヨーロッパサッカー（Theodorakis et al., 2010）、オーストラリアンフットボール（Wann et al., 2003）、日本のプロスポーツ（Matsuoka et al., 2003；出口ら，2017; Yoshida et al., 2015）などを含め、世界的な傾向である。

　チームIDは元々スポーツ心理学者によって発表された概念である（Wann and Branscombe, 1990, 1993）。この概念がスポーツマネジメント研究の中で扱われるためには少なくとも次の二点からチームIDを説明しなければならない。一つ目はチームIDがチームの経営に与える影響である。チームIDの強い観戦者は勝敗にかかわらず継続的にチームを支援することができる。こうした献身的な観戦者の獲得はチケット収入やグッズ収入を増加させ、結果的にチームの安定的な経営につながる（Sutton et al., 1997）。またもう一つの説明は、スポーツビジネスの視点からスポーツ観戦者の理解を深めることである。これはスポーツ観戦者の「消費者としての特性」を明らかにするということであり、金銭的費用に加え、時間や労力などの非金銭的費用を費やしながら試合観戦を消費する人々の心理や行動が分析の対象となる（松岡，2010；吉田，2011）。消費者として観戦者を捉えた場合、彼らのチームIDは他の製造業やサービス業の消費者の心理的コミットメントよりも強い反応であり、これはスポーツ観戦者特有の心理的反応と考えられている（Mullin et al., 2007; Smith and Stewart, 2010; Wakefield, 2007）。

　このようにチーム経営や消費者心理の点でチームIDは重要な概念であるが、最近になってその

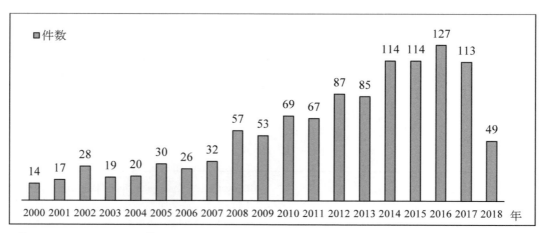

† 「SPORTDiscus with Full Text」で「team identification」をキーワードとし、論文を単年度ごとに検索した（2018年7月19日時点）。検索範囲はテキスト全文とした。

図1　チーム・アイデンティフィケーションを扱った論文の発表件数（2000年以降）

概念規定と理論的背景にはいくつかの矛盾や合理性を欠いた説明が含まれているとの指摘がある（Lock and Heere, 2017）。最も重大な問題は、役割アイデンティティ（role identity）と集団アイデンティティ（group identity）の混同である。役割アイデンティティはアイデンティティ理論（Stryker and Burke, 2000）を基礎としており、これはある人が観戦者としての役割に重要性を見出した時に生じる個人的なアイデンティティである。したがって、この場合のチーム ID は観戦者としての役割アイデンティティの顕在化（identity salience）を意味する（以下、本稿ではこの役割アイデンティティに基づくチーム ID を役割チーム ID と略す）。一方、集団アイデンティティは社会的アイデンティティ理論（Tajifel and Turner, 1986）の考え方であり、社会集団として特徴的な性質を持つスポーツチームと自己を重ね合わせた結果生じる社会的アイデンティティである。よって、集団アイデンティティに基づくチーム ID（以下、集団チーム ID と略す）はスポーツチームという社会集団と自己を同一視することによる集団成員性（group membership）と理解できる。このように（1）観戦者としての役割アイデンティティの顕在化によるチーム ID と（2）スポーツチームに対する集団成員性に基づくチーム ID はそれぞれ概念的に異なる意味を持つが、先行研究はこれらを明確に区別せずにチーム ID を検証してきた（Boyle and Magnusson, 2007; Fisher and Wakefield, 1998; Wann and Branscombe, 1993; Watkins, 2014; Yoshida et al., 2015）。その多くが、概念的にチーム ID を社会的アイデンティティとして定義しているにもかかわらず、その分析では役割アイデンティティを測定しているため、構成概念の内容的妥当性に問題がある可能性がある。

さらに別の問題はチーム ID の先行要因と結果要因を設定するための理論的根拠が特定の理論に偏ってしまっている点である。先行研究の多くが社会的アイデンティティ理論を用いて要因間の関係性に関する仮説を導出しているが、一方での検証では役割チーム ID を測定し、他の基準変数との関係性を検証している（Boyle and Magnusson, 2007; Fisher and Wakefield, 1998; Watkins, 2014; Yoshida et al., 2015）。アイデンティティ理論と社会的アイデンティティ理論はそれぞれ異なる先行要因と結果要因を理論的に想定していることから、役割チーム ID と集団チーム ID に対応しない理論にあてはめ、それらを検証することは因果関係の正確な検証を妨げる恐れがある。例えば、社会的アイデンティティ理論を分析の視座とする場合は集団チーム ID の検証が理論的に一致するが、二種類のチーム ID のどちらが社会的アイデンティティ理論により適合するかという問題については実証的に解明されていない。

以上を踏まえ、本研究は役割チーム ID と集団チーム ID のそれぞれについて、概念規定とその背景にあるいくつかの代表的な理論を体系的に理解することを目的とする。この目的を達成するため、本研究は以下の研究課題を設定し、研究を進める。

研究課題 1：役割チーム ID と集団チーム ID のそれぞれについて先行研究の知見をまとめ、二種類のチーム ID の定義を明確にする。

研究課題 2：いくつかの理論の普遍的な原理に基づき、チーム ID を説明する。

研究課題 3：役割チーム ID と集団チーム ID の両方を社会的アイデンティティ理論にあてはめ、それらの要因が観戦者の心理と行動に与える影響を明らかにする。

研究課題 4：研究課題 1、2、3（概念規定、理論的説明、実証研究）に取り組んだ結果を踏まえ、今後、チーム ID に関する理解をより深めるための方向性を示すとともに、そのために必要と考えられる視点を提示する。

役割チーム ID と集団チーム ID の違い

役割チーム ID は観戦者の「社会的役割（social role）」に関する概念である。家庭（父親、母親）や趣味（ランナー、キャンパー）などの複数の役

割がある中、スポーツファンという特定の役割の重要性が増すと、人はそのチームに対して心理的な結びつきを感じる。この場合、スポーツファンとしての役割が強まるためには、同じチームを応援する他のファンたちとの間で絆を深めるとともに、その絆が個人的に意味のある関係性として捉えられる必要がある(Lock and Heere, 2017)。一方、集団チーム ID は観戦者が所属する「社会的グループ（social group）」に焦点を合わせた概念であり、社会的に知名度のあるスポーツチームと自己を重ね合わせる集団成員性としてのチーム ID のことである。この場合、スポーツチームの魅力は他のチーム（外集団）との比較や同じチームのファン（内集団）の肯定的な評価の影響を受ける。

先行研究（Deaux and Burke, 2010; Hogg et al., 1995; Stets and Burke, 2014）を踏まえアイデンティティ理論と社会的アイデンティティ理論の類似点と相違点を概観すると表 1 のように示すことができる。それによると、双方の共通点は個人を取り巻く環境の影響であり、アイデンティティ理論と社会的アイデンティティ理論のそれぞれにおいて、環境的要因は個人的役割と社会集団への所属に影響を与える（Deaux and Martin, 2003）。また、両方の理論がアイデンティフィケーションという心理的反応によって自己意識、他者への態度、個人の行動がどのように変化するかを説明しようとしている。反対に、二つの理論の違いは、アイデンティティが形成される社会的コンテクストである（Deaux and Martin, 2003）。社会学を背景にしたアイデンティティ理論はシンボリック相互作用論（symbolic interactionism: Mead, 1934）を基礎とし、社会を構成する人々の相互補完的な関係（e.g., 雇用主と従業員、医者と患者）に焦点を当て、社会的役割と個人の関係によってアイデンティフィケーションを捉えている。一方、社会心理学を背景にした社会的アイデンティティ理論は個人が特定の社会集団と自己を同一視する集団成員性に着目しており、この場合のアイデンティフィケーションは社会集団と個人の関係を捉えるものである（Deaux and Martin, 2003; Serpe and Stets, 2011）。

概念規定および理論的背景

以下では役割チーム ID と集団チーム ID の先行研究を報告し、それぞれの概念規定（研究課題 1）と理論的背景（研究課題 2）を説明する。

表 1　アイデンティティ理論と社会的アイデンティティ理論の比較

	アイデンティティ理論	社会的アイデンティティ理論
焦点	社会的役割（e.g., スポーツファン、父親、兄弟）	社会的グループ（e.g., チーム、地域、国）
形成	社会構造のパターンによって人がどの役割を担うかという可能性は変わる	人は自己概念との一致、もしくは自己概念の拡張と感じる社会的グループを探求する
認知	社会構造（e.g., 地域のスポーツチーム）の中で自己と他人の関係を（再）生成させる役割を自己のものとして認識する	外集団との比較を通じて内集団の好意的な特徴を自己のものとして認識する
顕在化	個人の顕在ヒエラルキー（優先順位）における役割の順位が、決断に影響を与える。役割を担う際に関わる人々とのつながりの強さと数の多さ（e.g., 社会的コミットメント）が顕在ヒエラルキーの順位に影響する	チーム ID は人の自己概念の重要な一部であり、決断の際の指針となる。チーム ID はチームによる刺激、チームを取り巻く社会環境、個人にとってのチームの重要性によって顕在化する
行動の基準となる枠組み	ある役割を担う人（e.g., ゴルファー）との社会的相互作用において別の役割（e.g., 父親）を選択することが行動の基準となる。特定の社会構造下での他者との関係は、自分自身と周囲の人々の両方によって認識されることで成り立つ。自分の役割を確認することは自尊感情の向上につながる	人は同じグループ内（e.g., ファンコミュニティ）で共有される規範的行動にさらされる。チーム ID が顕在化すると、人は外集団との比較の中で内集団の社会的地位を向上させるような儀式的行動（e.g., 応援歌や勝利を祝うセレモニー）や内集団ひいきを行う

† Lock and Heere (2017) を参考に著者作成

1. 役割チーム ID

　役割チーム ID に関する先行研究を表 2 に示した。多くは Trail and James（2001）の Team Identification Index（TII）や Trail et al.（2003）の Point of Attachment Index（PAI）を用いて役割チーム ID を検証したものであり（Lock and Heere, 2017）、ファンの役割とその重要性を説明することが目的である（e.g., Dwyer et al., 2013; Laverie and Arnett, 2000; Shapiro et al., 2013; Trail et al., 2005; Wann and Branscombe, 1993, Yoshida et al., 2015）。これらの研究は役割アイデンティティが自尊感情（e.g., Trail et al., 2005）、スポーツ観戦意図（e.g., Shapiro et al., 2013; Yoshida et al., 2015）、スポーツに関する知識（e.g., Dwyer et al., 2013）などと正の関係性を確認している。しかしながら、どれも役割アイデンティティが形成される社会的コンテクストを考慮していないため（Lock and Heere, 2017）、アイデンティティ理論に基づいた説明が不十分である。そこで、以下に役割アイデンティティとその背景であるアイデンティティ理論を詳細に説明

表 2　役割チーム ID を扱う先行研究

著者	定義	視点	尺度	理論的背景	理論的一致
Wann and Branscombe (1993)	スポーツチームに対する忠誠心またはそれと自己との同一視	認知的	「あなたは自分のことを（チーム名）のファンとしてどれくらい強く認識しているか（まったくファンでない [1] ～とてもファンである [7] までの 7 段階尺度）」などの 6 項目	SIT	不一致
Fisher and Wakefield (1998)	スポーツチームとの関係性の中で自己を定義すること	認知的	「自分を他者に紹介する時、その内容の一つはあなたが（チーム名）のファンであるということである」などの 4 項目（まったくあてはまらない [1] ～大いにあてはまる [7] までの 7 段階尺度）	SIT	不一致
Laverie and Arnett (2000)	複数の役割アイデンティティの中から、スポーツファンとしての役割の重要度が増すことによるアイデンティティの顕在性	認知的	「もし（チーム名）の試合を観戦しなかったら、あなたは喪失感を味わうだろう」などの 4 項目（まったくあてはまらない [1] ～大いにあてはまる [7] までの 7 段階尺度）	IT および SIT	一部一致
Trail et al. (2005)	あるチームのファンとしての役割の顕在性と重要度によって自分を定義すること	認知的	Trail and James (2001) のチーム ID インデックス：「あなたは自分のことを真の（チーム名）ファンだと思う」などの 3 項目（まったくあてはまらない [1] ～大いにあてはまる [7] までの 7 段階尺度）	IT	一致
Boyle and Magnusson (2007)	スポーツチームのファンとしての所属の感覚	認知的	Wann and Branscombe (1993) を基に設定した「あなたは自分のことを（チーム名）のファンとしてどれくらい強く認識しているか」などの 4 項目（まったくファンでない [1] ～とてもファンである [7] までの 7 段階尺度）	SIT	不一致
Watkins (2014)	スポーツチームの成功と失敗の両方が自尊感情に影響を与えるくらい、チームとの結びつきが自己概念の一つになっている状態	認知的	Wann and Branscombe (1993) を基に設定した「あなたは自分のことを（チーム名）のファンだと思う」などの 5 項目（まったくあてはまらない [1] ～大いにあてはまる [7] までの 7 段階尺度）	SIT	不一致
Yoshida et al. (2015)	スポーツチームへの心理的な結びつきであり、その成功と失敗の両方を自身の体験としてみなす状態	認知的	Trail and James (2001) を基に設定した「あなたは自分のことを真の（チーム名）ファンだと思う」などの 3 項目（まったくあてはまらない [1] ～大いにあてはまる [7] までの 7 段階尺度）	SIT	不一致

† SIT = social identity theory, IT = identity theory

したい。

役割アイデンティティとは「社会的役割下や社会的状況下において自己に与えられた個人的な意味であり、その役割下または状況下にいる個人とその行動がどういう意味を持つかを特徴づけるもの」である（Burke and Stets, 1999, p. 349）。個人は多くの役割アイデンティティ（e.g., 父親、学生、ゴルファーなど）を有しており、それらの役割は社会で構築されたポジション、意味、期待などを備えている（Stets and Burke, 2014）。役割アイデンティティのおかげで、人々は父親の役割、学生の役割、ゴルファーの役割などについて社会的に共通の認識を持つことができる。さらに、このような社会的状況下で個人は最終的により重要度の高い役割を優先的に選び行動する。

アイデンティティ理論の背景には Mead（1934）が提唱したシンボリック相互作用論（symbolic interactionism）と Stryker（1980）の構造的シンボリック相互作用論（structural symbolic interactionism）の考え方がある。端的に説明すると、シンボリック相互作用論は人間の社会的行動はシンボルを媒介とした社会的相互作用の結果とする理論であるのに対し、構造的シンボリック相互作用論は人々の社会的相互作用がいかに発生し、どのような意味を持つかは社会構造によって決まるとする理論である。これらの理論は、「社会」が「個人」に影響を及ぼし、そして、その「個人」が人間の「社会的行動」に影響を及ぼすという点で共通しており、この視点はアイデンティティ理論でも受け継がれている（Serpe and Stryker, 2011; Stets and Burke, 2014; Stryker and Burke, 2000）。

アイデンティティ理論における「社会的行動」とは役割選択行動であり、これは人が他の役割よりも自分で選択した役割の期待に応えようと行動することである（Serpe and Stryker, 2011; Stryker, 2008）。一方、社会的行動を起こす「個人」にとって重要とされる要因がアイデンティティの顕在性（identity salience）である。アイデンティティの顕在性とは様々な状況下で特定のアイデンティティが喚起される可能性であり、その顕在化の程度によって人の役割選択は影響を受ける（Stryker and Burke, 2000; Stets and Burke, 2014）。顕在性の高いアイデンティティは様々な状況下でも選択されることになる。

また、人は社会生活を営む中で多くの役割を担っており、その数だけアイデンティティを保有している。こうした役割アイデンティティが形成されるためには二つの要件が満たされる必要ある（Stryker, 2008）。すなわち、（1）ある人が他者から社会的な役割（e.g., 父親）とその役割に対する期待（e.g., 男性の育児参加）を割り当てられることと、（2）その他者からの役割と期待を受け入れることの二つである（Serpe and Styrker, 2011）。ゆえに、アイデンティティとは社会的な役割の自己認識であり、この認識は自分の社会的な位置づけを理解するのに役立つ（Serpe and Stryker, 2011）。アイデンティティは認知スキーマとして個人の考えや行動に影響を与え（Markus, 1977; Stryker and Serpe, 1994）、この場合の認知スキーマは状況毎には変わることはなく、個人が認知スキーマを違った状況に持ち込むこともできる（Stryker, 2008）。

最後に構造的シンボリック相互作用論の中の「社会」は、アイデンティティ理論の中でコミットメントとして扱われている（Serpe and Stryker, 2011; Stryker, 2008）。ここで言うコミットメントとはある役割に伴って発生する社会的関係の中に存在する他者との相互作用的で感情的なつながりの強さである（Serpe and Stryker, 2011; Stets and Burke, 2014）。理論的には、他者とのつながりの強さと数の多さによって特定の役割がヒエラルキーの上位に位置付けられる（Serpe and Stryker, 2011; Stets and Burke, 2014）。例えば、父親としてのコミットメントの方がゴルファーとしてのコミットメントよりも強いと、結果的に父親としての役割がヒエラルキーで上位に位置付けられる。

今一度、スポーツにおける役割チーム ID の研究を振り返ると、その多くは既にスポーツチームのファンであることを前提にしている。そのため、様々な社会構造（職場、学校、地域コミュニティなど）の中で人がスポーツファンという特定の役割をどのように選択するかという点が考慮されて

いない（Lock and Heere, 2017）。社会構造はマクロ（人種、社会階級、性別、経済水準など）、メソ（近所、団体など）、ミクロ（家族、団体内のクラブなど）レベルに区別でき、それらによってアイデンティティ形成の機会が促進されたり、制限されたりする（Stets and Burke, 2014）。具体的には、富裕層の人々が彼らの社会的地位に対応するスポーツ（e.g., ゴルフ、ヨット、ラグジュアリー・スイートでのスポーツ観戦）をアイデンティティ形成の機会に用いていることなどが考えられる。

また、アイデンティティは様々な社会的コンテクスト下で多くの人々との相互作用を通して形成される点も忘れてはならない。現在までの役割チーム ID 研究はアイデンティティの重要性を測るものであり（e.g., Trail and James, 2001; Wann and Branscombe, 1993）、スポーツ以外の社会構造下（e.g., 家族、コミュニティ）で選択される役割を説明に含めていない。Trail et al.（2017）はアイデンティティの重要性を測ることで事足りるとしているが、理論の核心には迫っていないとの指摘もある（Lock and Heere, 2017）。特定の役割の重要性は様々な状況下で変わり、また、その個人の顕在性ヒエラルキーにおいても変化する。PAI に関する研究（Robinson, Trail, and Kwon, 2004; Trail et al., 2003）はスポーツ観戦という枠組みの中でこの問題をある程度考慮しているが、より大きな視点からの社会的役割（e.g., 親、市民、労働者）を検証する段階に至っていない（Lock and Heere, 2017）。さらに、コミットメントとの関係性も役割チーム ID に関する先行研究では欠如している。今後の役割チーム ID に関する研究はアイデンティティ理論と一致した要因、関係性、説明によってスポーツ観戦者を検証しなければならない（Lock and Heere, 2017）。

2. 集団チーム ID

役割チーム ID に関する文献は、理論的背景と実際の測定尺度が一致しない先行研究が散見されたため（Wann and Branscombe, 1993; Fisher and Wakefield, 1998; Boyle and Magnusson, 2007; Watkins, 2014; Yoshida et al., 2015）、アイデンティティ理論について詳細に説明し、問題点について言及した。しかしながら、集団チーム ID の先行研究では理論的背景と実際の測定尺度との間に理論的矛盾はみられない。さらに、社会的アイデンティティ理論は、社会心理学のみならず他の分野（組織論、マーケティング論、消費者行動論など）の文脈においても定量的な検証が進んでいる。そこで以下では社会的アイデンティティ理論の概要とそれに基づく集団チーム ID の測定方法を紹介する。

集団アイデンティティは、社会心理学における社会的アイデンティティ理論（Tajfel and Turner, 1979）を理論的背景とする。社会的アイデンティティ理論によると、人は社会的グループを自己との類似性、異質性に基づいて認知し、自己と類似した集団を内集団と捉え（自己カテゴリー化：self-categorization）、自分をその集団の一員と認識する（集団成員性）。その認識には誇りや愛着、恥ずかしさや嫌悪といった感情的意味合いが含まれ（池田ら, 2010）、外集団よりも内集団を高く評価する内集団ひいき（in-group favoritism）という反応を引き起こす。集団成員性によって人は所属する集団内の規範に同調し、ステレオタイプ的行動や集合的行動をとることが知られている（Tajfel and Turner, 1986；ホッグ・アブラムス, 1995）。

このような社会的アイデンティティ理論に基づく集団アイデンティとしてのチーム ID は、上述のような認知、感情、評価、ステレオタイプ的あるいは集合的行動といった特徴を持っている。表3 はこれらの特徴をチーム ID の測定尺度に反映させた先行研究を示している。それによると、集団チーム ID は（1）チームに対する集団成員性を認知的かつ全体的に捉えたものと（2）集団成員性の複数の側面（認知的、感情的、集団的など）に着目して多次元的に捉えたものの二つに大きく分かれる。

認知的かつ全体的なアプローチは、Mael and Ashforth（1992）の組織的同一視（organizational identification）をスポーツ観戦に応用したものである（Gwinner and Swanson, 2003）。この研究で

のチームIDは、「スポーツチームの運命を自分自身の運命と重ね合わせる程の強い心理的な結びつき」と定義され（p.277）、その測定では次の六項目が用いられている。すなわち「誰かが（チーム名）を批判する時、個人的に批判されているように感じる」「他の人が（チーム名）をどう思うかとても興味がある」「（チーム名）について話すとき、あなたは"彼ら"ではなく、"私たち"と言う」「（チーム名）の成功は私の成功である」「誰かが（チーム名）を褒める時、自分を引き立たせてくれているように感じる」「メディアが（チーム名）を批判すれば、恥ずかしく感じる」である。

このように尺度には自分が集団の一員であることを示す認知的内容や評価に関する内容が明示され、社会的アイデンティティ理論を反映した内容となっている。よって、研究の理論的背景と尺度は一致していると言える。同様の尺度はYoshida et al.（2013）でも用いられており、概念的には、「ファンが特定のスポーツチームとの心理的結びつきを自己概念の中に取り込み、チームの成功だけでなく失敗をも共有する心理状態」と定義される（仲澤・吉田，2015，p.24）。

次に多次元的アプローチの一つ目は、社会的アイデンティティ理論に基づいて構成概念を整理

表3 集団チームIDを扱う先行研究

著者	定義	視点	尺度	理論的背景	理論的一致
Gwinner and Swanson (2003)	スポーツチームの運命を自分自身の運命と重ね合わせる程の強い心理的な結びつき	認知的	Mael and Ashforth (1992) を基に設定した「（チーム名）について話す時、あなたは"彼ら"ではなく"私たち"と言う」などの6項目（まったくあてはまらない[1]～大いにあてはまる[7]までの7段階尺度）	SIT	一致
Dimmock et al. (2005)	スポーツチームに関する知識やそれに対する心理的な結びつきによって自己概念を形成する度合いであり、認知的かつ感情的な反応に加え、個人的評価と他者評価を含んだ集団成員性	認知的感情的評価的	「（チーム名）は自分が誰であるかを示す特徴の一つだと思う」などの3項目（認知）、「あなたは（チーム名）に強い感情的な愛着がある」などの4項目（感情）、「あなたの（チーム名）のイメージは否定的なものである（逆転項目）」などの4項目（個人的評価）、「全体的に、（チーム名）は他者から良く思われている」などの3項目（他者評価；まったくあてはまらない[1]～大いにあてはまる[7]までの7段階尺度）	SIT	一致
Heere et al.(2011)	スポーツチームと心理的に結びつくことによって得られる個人的な知識、所属の感覚、社会的な位置づけ、行動的な習慣などを統合した結果、形成される自己概念	社会的個人的行動的認知的	「一般的に、他の人々は（チーム名）を尊敬している」などの3項目（社会的評価）、「あなたは（チーム名）の一員であることを誇りに思う」などの3項目（個人的評価）、「誰かが（チーム名）を批判すると個人的な侮辱のように感じる」などの4項目（自己とのつながり）、「（チーム名）に何かが起こると、それはあなたの人生に影響する」などの3項目（相互依存）、「あなたは（チーム名）を支援する活動に参加する」などの3項目（行動的関与）、「あなたは（チーム名）の成功と失敗に関する知識がある」などの3項目（認知的自覚）	SIT	一致
Yoshida et al. (2013)	社会的に魅力的なスポーツチームへの所属の感覚であり、その成功と失敗の両方を自分の中に取り入れることによって自己を定義すること	認知的	Mael and Ashforth (1992) を基に設定した「誰かが（チーム名）を賞賛すると、それは個人的な褒め言葉のように感じる」などの4項目（まったくあてはまらない[1]～大いにあてはまる[7]までの7段階尺度）	SIT	一致

† SIT = social identity theory, IT = identity theory

し、チームIDが認知、感情、個人的評価、他者評価の四つの側面で構成されるというものである（Dimmock et al., 2005）。よって、チームIDは多次元的な視点から「スポーツチームに関する知識やそれに対する心理的な結びつきによって自己概念を形成する度合い」であり（Dimmock et al., 2005, p.75）、認知的かつ感情的な反応を加え、個人的評価と他者評価を含む（Dimmock et al., 2005）。測定尺度は、認知の次元で「（チーム名）は自分が誰であるかを示す特徴の1つだと思う」などの三項目、感情の次元で「あなたは（チーム名）に強い感情的な愛着がある」などの四項目、個人的評価の次元で「あなたの（チーム名）のイメージは否定的なものである（逆転項目）」などの四項目、他者評価の次元で「全体的に、（チーム名）は他者から良く思われている」などの三項目である。このように、測定尺度には認知、感情、評価の内容が含まれていることから、測定尺度と理論的背景は一致していると判断できる。

多次元的アプローチの二つ目はチームIDを集団アイデンティティとし、社会的評価、個人的評価、自己とのつながり、相互依存、行動的関与、認知的自覚の6次元で捉えるという内容である（Heere et al., 2011）。このアプローチではチームIDを「スポーツチームと心理的に結びつくことによって得られる個人的な知識、所属の感覚、社会的な位置づけ、行動的な習慣などを統合した結果、形成される自己概念」と定義している（Heere & James, 2007, p.66）。測定尺度は社会的評価の次元で「一般的に、他の人々は（チーム名）を尊敬している」などの三項目、個人的評価の次元で「あなたは（チーム名）の一員であることを誇りに思う」などの三項目、自己とのつながりの次元で「誰かが（チーム名）を批判すると個人的な侮辱のように感じる」などの四項目）、相互依存の次元で「（チーム名）に何かが起こると、それはあなたの人生に影響する」などの三項目、行動的関与の次元で「あなたは（チーム名）を支援する活動に参加する」などの三項目、認知的自覚の次元で「あなたは（チーム名）の成功と失敗に関する知識がある」などの三項目である。以上の測定尺度には認知、評価、ステレオタイプ的あるいは集合的行動の内容が含まれていることから、測定尺度と理論的背景は一致する。Dimmock et al.（2005）、Heere et al.（2011）の多次元的アプローチはどちらも認知、評価の次元を含めているという点で共通しているものの、前者には感情の次元が含まれており、後者には行動の次元が含まれるという点で異なっている。

このように、集団チームIDに関する有力な説明として社会的アイデンティティ理論がある。さらに、社会的アイデンティティ理論を組織論やマーケティング論のコンテクストで拡張させた理論として組織的アイデンティフィケーション理論（organizational identification theory）と消費者企業アイデンティフィケーションモデル（consumer-company identification model）が存在する（図2）。以下では組織的アイデンティフィケーション理論と消費者企業アイデンティフィケーションモデルについて説明する。

組織的アイデンティフィケーション理論（Ashforth and Mael, 1989）は、人が組織と自己を同一視するためには、組織の成功と失敗の両方を自らの経験として捉え、組織的に運命共同体となって支援する必要があることを説明するものである。観戦者がスポーツチームとの間に一体感を感じるためには、そのチームに（1）自分らしさ（自己概念）を強めてくれるような独自性と（2）社会的な知名度を与えてくれるような名声が備わっていなければならない。あるチームと強く結びついた観戦者はチームのイメージに沿った（一致した）活動を行うようになる。さらに、こうした観戦者は同じチームのファン同士で団結し、愛他精神の下で協力するようになる。社会的アイデンティティ理論や組織的アイデンティフィケーション理論を分析の視座とするチームIDは集団チームIDとみなすことができる（Lock and Heere, 2017）。

続いて、社会的アイデンティティ理論を消費者行動のコンテクストに応用したものが消費者と企業間のアイデンティフィケーションモデル（Bhattacharya and Sen, 2003）である。この理論的枠組みによると、観戦者がスポーツチームと自己を同

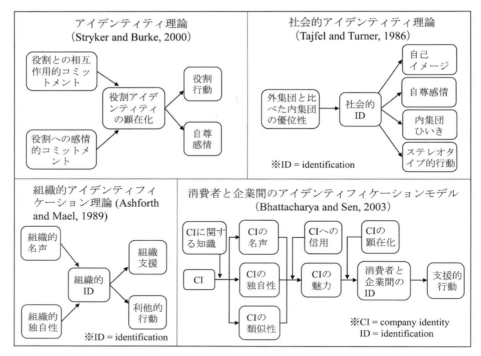

図2　チームIDを説明する主な理論

一視するためにはそのチームが持つアイデンティティに魅力を感じる必要があり、そのためにはチーム・アイデンティティに名声と独自性が備わっているだけでなく、他の観戦者との間に類似性がなければならない。さらに、チームに関する知識が豊富な観戦者ほど、チーム・アイデンティティの中に名声、独自性、類似性を見出すことができるが、たとえチーム・アイデンティティの名声、独自性、類似性に気づいたとしても、これが信用できるアイデンティティでない限り、魅力を感じることはできない。また、チーム・アイデンティティに魅力を感じ、チームと自己を同一視するためには、ファンとしての役割アイデンティティが顕在化する必要がある。スポーツチームと自分を心理的に重ね合わせた者は、そのチームの長期的繁栄のため、継続的な製品購入、クチコミの拡散、製品推奨、新規ファンの勧誘などの支援的行動を自発的に行い、たとえそのチームに関して否定的な情報が入ってきても前向きに立ち直ることができる。

このように、チームIDに関する理論は複数存在し、そのうちアイデンティティ理論（e.g., Trail et al., 2005）、社会的アイデンティティ理論（e.g., Heere et al., 2011）、組織的アイデンティフィケーション理論（Gwinner and Swanson, 2003）の三つはスポーツマネジメント領域への応用が進んでいる。一方で、これらの理論はこれまで別々に検証されており、それらを統合したモデルの検証は十分に進んでいない。特に、先行研究は役割チームIDと集団チームIDを混同してきた歴史があることから、種類の異なるチームIDを一つの研究において統合的に検証することはチームID研究の概念的な整理に貢献するものと考えられる。

実証研究

本研究の主な目的は（1）チームIDの定義を明確にすること（研究課題1）と（2）理論に基づく普遍的な原理によってチームIDを説明すること（研究課題2）であったが、追加の研究課題として（3）役割チームIDと集団チームIDの両方を社会的アイデンティティ理論にあてはめた仮

説検証（研究課題3）を設定した。以下はその実証研究である。

1. 理論的枠組みと仮説

図3は実証研究の理論的枠組みと仮説を示している。本研究は役割チームIDと集団チームIDを検証するものであるが、スポーツ観戦者の社会的アイデンティティをより完全に説明するためには、同じチームを応援する観戦者同士がコミュニティ化する際の集団的結合を捉えたアイデンティフィケーション（以下ファンコミュニティIDと略す）も考慮する必要がある（Katz and Heere, 2013；仲澤・吉田, 2015；Yoshida et al., 2015）。集団チームIDは社会的アイデンティティの一つであるが、これは観戦者がスポーツチームという集団への所属を捉える概念である（観戦者→チーム）。一方、ここで言うファンコミュニティIDは、ブランドを慕う者同士がアイデンティティを共有することで形成されるブランドコミュニティの考え（Muñiz and O'Guinn, 2001）を背景としている。したがって、ファンコミュニティIDは観戦者が同じチームを応援する他の観戦者たちに対して抱く仲間意識の感覚であり（仲澤・吉田, 2015）、観戦者にとって同一視の対象はチームでなく自分以外のファンたちである（観戦者→ファンコミュニティ）。実証研究ではこれらのアイデンティフィケーションを区別し、その目的を「役割チームID、集団チームID、ファンコミュニティIDの3要因が観戦者の心理的、行動的反応に与える影響を社会的アイデンティティ理論の視点から明らかにすること」とする。

1）観戦者の心理的反応への影響

社会的アイデンティティ理論によると、人は自分の自尊感情を高めてくれるような特徴を持つ社会集団（e.g., 日本の首都）に魅力を感じ、その集団と自己を心理的に重ね合わせる傾向がある（Tajfel and Turner, 1986）。この時、人は自己をその集団にあてはめることで自分が社会的にどのような存在であるか（e.g., 日本の首都に暮らす都会育ちの人間であること）を理解する。スポーツ観戦者とスポーツチームの間でも同様の現象が起こっており、観戦者は社会的に知名度のあるスポーツチームと自己を重ね合わせることで自尊感情を高めている。さらにこの場合の自尊感情も、観戦者自身の個人的な自尊感情とスポーツチームのホームタウンの住民としての集団的自尊感情（Luhtanen and Crocker, 1992）の二つがある。プロスポーツの重要な特徴の一つが地域を代表する象徴性であることから（Heere and James, 2007）、本研究は特に集団的自尊感情を取り上げる。その根拠には集団主義（collectivism）の考えがあり、それによると、人はある社会集団が所属メンバーのために行動していると感じる時、その集団に対してより強い自尊感情を抱く（Jetten, Branscombe, and Spears, 2002）。このような関係性は集団主義の考え方が浸透した社会状況下（例えばスポーツファンがチームやその地元地域の成功や繁栄を願う状況下）においてより顕著であることが報告されている（Bettencourt and Dorr, 1997）。この論理

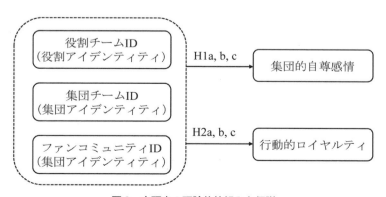

図3　本研究の理論的枠組みと仮説

を応用すると、ファンにとって自己同一視の対象となるスポーツチームやファンコミュニティがまちのために活動していると感じられる場合（例えばチームやファンたちが地元地域の知名度を高めていると感じられる場合）、そのホームタウンの住民としての集団的自尊感情はさらに高まる。本研究は三種類のアイデンティフィケーション要因と集団的自尊感情の関係性を検証することから、以下の仮説を導出した：

仮説1： 役割チームID（H1a）、集団チームID（H1b）、ファンコミュニティID（H1c）は観戦者の集団的自尊感情に正の影響を与える。

2) 観戦者の行動的反応への影響

社会的アイデンティティ理論は、集団と自己を同一視した人がその集団の中でどのように行動するかも説明する。すなわち、人は社会的に魅力的に映る集団と自己を重ね合わせるだけでなく、さらにその集団の知名度や評判を高めるため、様々な支援的な行動を行う（Tajfel and Turner, 1986）。社会的アイデンティティ理論から派生した組織的アイデンティフィケーション理論はこの支援的行動の説明をより深めた理論であり、それによると、ある組織と心理的に強く結びついた人はその組織と運命共同体となり、その発展のため協力的に活動するようになる（Ashforth and Mael, 1989）。この現象を大学の卒業生を対象として検証した研究によると（Mael and Ashforth, 1992）、卒業生の間で大学との同一視が生じると、彼らは大学広報を通じて情報を入手するだけでなく、知人へのクチコミ、母校主催の講演会への参加、寄付などの財政支援を行う。この説明はスポーツ観戦者においても可能であり、特にチームを長期的に支援する顧客ロイヤルティとの関係に応用できる。つまり、チームの成功と失敗の両方を自らの経験として捉えるほどの強い自己同一視を形成した観戦者は、チームの成績不振や人気選手の引退などの環境的変化の影響を受けることなく継続的に観戦を続け、結果的にチケットやグッズなどの購買だけでなく、クチコミや勧誘などの組織支援を行うことが予想される。観戦者が行動的な側面から特定チームのファンであり続けることを行動的ロイヤルティと呼び（Dick and Basu, 1994；Oliver, 1999）、この概念は購買、クチコミ、勧誘などの反応によって捉えられる（Garnefeld et al., 2013；Zeithaml et al., 1996）。以上の議論をまとめると、以下の仮説を設定することができる。

仮説2： 役割チームID（H2a）、集団チームID（H2b）、ファンコミュニティID（H2c）は、観戦者の行動的ロイヤルティに正の影響を与える。

2. 方法

1) 研究環境およびサンプリング

本研究のデータは日本プロサッカーリーグ（以下Jリーグと略す）のスタジアム観戦者調査2017の調査機会を用いて収集された。研究環境はJリーグ・ディビジョン2に所属する関西のプロサッカークラブのホームゲームであった。調査員はスポーツ科学を専門とする24名の大学生であり、開場から試合開始までの約2時間に渡ってスタンド内で質問紙を配布し、その場で回収した。データ収集は便宜的抽出に層化抽出の要素を取り入れ、調査員は各自が担当した座席エリアに来場した観戦者の性別（男性、女性）と年齢（10代－20代、30代－40代、50歳以上）に基づく6つのカテゴリーの割合を計算し、その比率に応じて標本を抽出した。調査員は合計で430票を配布し、427票を回収した。その後、データ入力において空欄の多い28票を除外した結果、399票の有効回答を得た（有効回答率＝92.8％）。標本の基本属性については72.5％が男性であり、クラブのホームタウンエリアからの来場者は77.5％であった。年齢については、40代（30.7％）が最も多く、順に50代（20.6％）、30代（18.8％）、20代（14.1％）、60歳以上（10.1％）、10代（5.8％）であった（平均年齢＝42.6、標準偏差＝13.8）。

2) 尺度

アンケート調査ではJリーグスタジアム観戦者調査2017の質問項目に加え、次の心理的尺度を

設定した。まず二種類のチーム ID を測定するため、（1）Trail at al.（2005）の尺度（役割チーム ID）と（2）Mael and Ashforth（1992）の尺度（集団チーム ID）を用いた（表4）。組織的アイデンティフィケーションを測るための Mael and Ashforth（1992）の尺度はスポーツ観戦の研究環境へと既に応用されたもの（Yoshida et al., 2013）を使用した。さらに、ファンコミュニティ ID を測るため、本研究は仲澤・吉田（2015）の三項目尺度を採用した（表4）。これら三種類のアイデンティフィケーション尺度はすでに先行研究で内容的妥当性と翻訳的妥当性の両方が確認されており、本研究においても同様の日本語表現を用いた（仲澤・吉田，2015；Yoshida et al., 2013）。

また、本研究は基準変数として集団的自尊感情と行動的ロイヤルティを設定した。集団的自尊感情は Luhtanen and Crocker（1992）の集団的自尊感情尺度（collective self-esteem scale）をスポーツ観戦に応用し、四項目尺度とした（表4）。行動的ロイヤルティについては、先行研究において使われてきた行動意図ではなく（e.g., Trail at al., 2005；Tsuji et al., 2007；Yoshida et al., 2013）、（1）Oliver（1999）の顧客ロイヤルティの定義（他のブランドへの乗り換えを引き起こす環境的影響を受けることなく、特定ブランドの製品を継続的に購入すること）をより忠実に反映し、さらに（2）

表4　確認的因子分析の結果

要因	項目	λ	CR	AVE
役割チーム ID			.92	.78
1.	あなたは自分のことを真の（チーム名）ファンだと思う	.80		
2.	もし（チーム名）ファンを止めなければならないとしたら、あなたは喪失感を味わうだろう	.89		
3.	（チーム名）のファンであることは、あなたにとってとても重要である	.96		
集団チーム ID			.91	.67
1.	誰かが（チーム名）を賞賛した時、それは個人的なほめ言葉のように感じる	.81		
2.	（チーム名）の成功は自分の成功である	.86		
3.	誰かが（チーム名）を批判した時、それは個人的な侮辱のように感じられる	.86		
4.	あなたは(チーム名)について話す時、たいてい「彼らは」というよりも「私たちは」と言う	.79		
5.	マスコミの記事が（チーム名）を批判した時、あなたは恥ずかしく感じる	.76		
ファンコミュニティ ID			.95	.85
1.	あなたは（チーム名）を応援する人たちとの間に強い絆を感じる	.92		
2.	あなたは（チーム名）を応援する他の（チーム名）ファンに、本当に共感する	.94		
3.	あなたは他の（チーム名）ファンたちと「ある一つのクラブ」に所属しているように感じる	.90		
集団的自尊感情			.92	.80
1.	（チーム名）のホームタウンはあなたにとって大きな意味があると感じる	.78		
2.	あなたは（チーム名）のホームタウンの住民であることを嬉しく思う	.94		
3.	あなたは（チーム名）のホームタウンで暮らすことを誇りに思う	.95		
行動的ロイヤルティ			.88	.61
1.	（チーム名）について、あなたはよく他の人（知人、家族など）と前向きな話をする	.76		
2.	あなたは友人に（チーム名）を応援するように促す	.76		
3.	今後数年間、あなたは（チーム名）のロゴが表示されたアパレル製品をさらに多く購入する	.77		
4.	もしチケット価格が値上がりしたとしても、あなたは(チーム名)の試合観戦を続けるだろう	.83		
5.	もし（チーム名）のシーズンの成績が振るわなかったとしても、あなたは（チーム名）の試合をスタジアムで観戦し続けるだろう	.77		
χ^2 / df		3.22		
CFI		.95		
TLI		.94		
RMSEA		.079		
SRMR		.047		

† 質問項目は「まったくあてはまらない（1）〜おおいにあてはまる（5）」までの5段階評価尺度であった。

チケット購入やグッズ購入などのスポーツ観戦に適した項目を新たに設定した（表4）。その作成においては、Zeithaml et al.（1996）と Garnefeld et al.（2013）の行動的ロイヤルティ尺度を参考に、クチコミ、勧誘、グッズ購入、価格上昇に対する耐性、成績不振に対する寛容性などを尋ねる五項目尺度を設定した。次に三人のスポーツマネジメント研究者が各項目の適切性を Oliver（1999）の定義とスポーツ観戦の特性に照らし合わせながら検討し、必要に応じて表現の修正を行った。本研究で新たに設定した集団的自尊感情尺度と行動的ロイヤルティ尺度の翻訳的妥当性は仲澤・吉田（2015）に倣い、(1) 英語の項目の日本語への翻訳（本研究の著者の一人）、(2) 日本語の項目の英語への逆翻訳（本研究の別の著者）、(3) 元の英語の項目と逆翻訳した英語の項目の比較（米国の大学でスポーツマネジメントを専門とする米国国籍の研究者）によって検討し、その翻訳の妥当性を確認した。

3. 結果
1) 構成概念妥当性の検証

心理的要因の構成概念妥当性を検証するため、Mplus version 7.31 による確認的因子分析を行った（表4）。まず収束的妥当性を確認するため、因子負荷量（λ）、合成信頼性（composite reliability: CR）、平均分散抽出（average variance extracted: AVE）を算出したところ、すべての要因が基準値を上回り、収束的妥当性が示された（$\lambda \geq .70$, Hair et al., 2006；$CR \geq .60$, Bagozzi and Yi, 1988；$AVE \geq .50$, Fornell and Larcker, 1981）。続いて弁別的妥当性を検証するため、各要因の AVE と因子間相関の二乗を比較したところ、すべての要因間で AVE の方が高い結果となった（表5）。よって、弁別的妥当性を確認した。尺度モデルのデータへの適合度については、カイ二乗を自由度で除した値が基準値（$\chi^2/df < 3.00$）を若干上回ったものの、comparative fit index（$CFI \geq .90$）、Tucker-Lewis index（$TLI \geq .90$）、square error of approximation（$RMSEA \leq .080$）、standardized root mean square residual（$SRMR \leq .080$）などの指標がすべて許容範囲内であった（表4）。したがって、尺度モデルがデータに適合したことを確認した（Hair et al., 2006；Hu and Bentler, 1999）。

2) 仮説の検証

仮説の検証には Mplus version 7.31 による構造方程式モデリングを用いた（図4）。まず適合度指標を評価したところ、仮説モデルがデータに適合する結果となった（$\chi^2/df = 3.22$；$CFI = .95$；$TLI = .94$；$RMSEA = .079$；$SRMR = .047$）。次に要因間のパス係数を分析したところ、集団的自尊感情に有意な正の影響を与えた要因は集団チーム ID（$\beta = .28, p < .01$）とファンコミュニティ ID（$\beta = .42, p < .01$）であり、役割チーム ID の影響は確認されなかった（$\beta = .01$, n.s.）。また、行動的ロイヤルティに対しては3要因のすべてが正の影響を及ぼし、役割チーム ID、集団チーム ID、フ

表5　平均、標準偏差、因子間相関

	要因	平均	標準偏差	相関（Φ）				
				1	2	3	4	5
1.	役割チーム ID	3.59	1.17	**_.78_**	.38	.62	.18	.37
2.	集団チーム ID	3.09	.99	.62	**_.67_**	.56	.20	.37
3.	ファンコミュニティ ID	3.36	1.09	.79	.75	**_.85_**	.31	.59
4.	集団的自尊感情	3.46	1.08	.42	.45	.56	**_.80_**	.30
5.	行動的ロイヤルティ	3.31	.95	.61	.61	.77	.55	**_.61_**

† 記述統計は IBM SPSS Statistics 20.0 によって算出された合成変数の平均および標準偏差である。
†† 平均分散抽出（AVE）を対角線に表示した（斜体、太字、下線）。
††† 因子間相関は Mplus version 7.31 を用いて算出した。Φ行列を対角線から左下半分に表示し、因子間相関の二乗を対角線から右上半分に表示した。
†††† すべての因子間相関が1%水準（$p < .01$）で有意であった。

ァンコミュニティ ID のパス係数はそれぞれ順に .17（p < .05）、.26（p < .01）、.47（p < .01）であった。以上の結果から、仮説の H1b、H1c、H2a、H2b、H2c は支持されたが、H1a は棄却された。さらに、内生変数の決定係数（R^2）を検証したところ、二種類のチーム ID とファンコミュニティ ID は集団的自尊感情と行動的ロイヤルティの分散のうち、それぞれ 44% と 70% を説明した（図4）。

4. 実証研究の考察

実証研究の目的は四つの研究課題のうち、三つ目（二種類のチーム ID を社会的アイデンティティ理論にあてはめて仮説検証を行うこと）に対する一定の結論を導き出すことであった。先行研究は役割チーム ID と集団チーム ID のどちらかを取り上げ、他の要因との関係性を分析してきたが、本研究はこれらを一つの研究で検証するものであった。さらに、分析では観戦者同士の集団的結合を捉えたファンコミュニティ ID も含めて要因間の関係性を検証した結果、次のことが明らかとなった。

第一に、三種類のアイデンティフィケーション要因は概念的に近い意味を持つが、役割アイデンティティ（アイデンティティ理論）、集団アイデンティティ（社会的アイデンティティ理論）、他のファンたちとの集団的結合（ブランドコミュニティ理論）という三つの理論的視点に基づく分類は、統計的に支持された。確認的因子分析の結果は尺度モデルのデータへの適合を示すとともに、収束的妥当性と弁別的妥当性の両方を支持した。特に弁別的妥当性に関する結果は、役割チーム ID、集団チーム ID、ファンコミュニティ ID が統計的に独立した要因であることを裏付けるものであり、概念的区分が示された。このように、本研究は三種類のアイデンティフィケーション要因を同時に検証し、それらの概念的独自性を確認した数少ない研究の一つである。

さらに、本研究は集団的自尊感情への影響を明らかにした。構造方程式モデリングによる仮説検証の結果、集団チーム ID とファンコミュニティ ID のみが集団的自尊感情に正の影響を与えた。これらの規定要因はどちらもスポーツチームやファンコミュニティなどの社会集団との同一視であるが、影響力が確認されなかった役割チーム

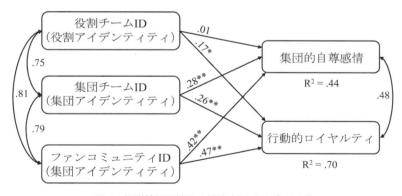

図4　仮説検証の結果：構造方程式モデリング

† モデル適合度：$\chi^2 / df = 3.22$, CFI = .95, TLI = .94, RMSEA = .079, SRMR = .047
†† 　* p < .05; ** p < .01
††† 確認的因子分析の適合度指標（表4）と構造方程式モデリングの適合度指標（図4）は、推定したパスの数とそれらの位置が完全に一致したため、同じ数値となった。確認的因子分析では 5 つの心理的要因の間に 10 個の因子間相関を推定した。一方、構造方程式モデリングでは外生変数間（二種類のチーム ID とファンコミュニティ ID）の因子間相関が 3 つあり、さらに外生変数から 2 つの内生変数（集団的自尊感情と行動的ロイヤルティ）に引いたパス（6 つ）と内生変数間の因子間相関（1 つ）を合わせると、パスの推定数が合計で 10 個となる。この因子構造は確認的因子分析のパスの推定数だけでなく、それらの位置に関しても完全に一致するため、両モデルの適合度指標が同じ数値となった。

ID は集団アイデンティティを含んだ概念ではない。このことから、集団的自尊感情のように、スポーツチームの本拠地に対する観戦者の誇りの感覚は、観戦者の個人的な役割アイデンティティとあまり強く関係していないものと推察される。逆に、集団チーム ID やファンコミュニティ ID はスポーツチームの地域代表性の評価を高める働きがあり、このような関係性は社会的アイデンティティ理論の説明（つまり、集団との自己同一視の程度が高い人ほど、その集団の突出した特徴や社会的評判を肯定的に評価する傾向）と一致する。

最後に、仮説検証の結果は三種類のアイデンティフィケーション要因が行動的ロイヤルティに与える影響も明らかにした。結果から、三要因のすべてが行動的ロイヤルティに正の影響を及ぼすことが示されたが、その強さには違いがあった。影響力は強い要因から順番にファンコミュニティ ID（$\beta = .47, p < .01$）、集団チーム ID（$\beta = .26, p < .01$）、役割チーム ID（$\beta = .17, p < .05$）であった。先行研究において、役割チーム ID は再観戦やクチコミの可能性によって測定した行動意図（別名、意図的ロイヤルティ）に対して強い規定力があることが報告されている（e.g., Matsuoka et al., 2003; 仲澤・吉田, 2015; Trail et al., 2005）。一方、本研究は行動的ロイヤルティを結果要因にすることで役割チーム ID の影響が弱くなることを確認した。本研究は行動的ロイヤルティをより正確に測定するため、顧客ロイヤルティの重要な要素である環境的影響（チケット価格の上昇やチームの成績不振など）を考慮に入れて新たに尺度を設定した（Dick and Basu, 1994; Garnefeld et al., 2013; Oliver, 1999; Zeithaml, 1996）。ファンコミュニティ ID が行動的ロイヤルティの重要な規定要因であるという結果は、スポーツファン同士の絆や友情がスタジアムにおける直接的な観戦を決定づける一因である（Katz and Heere, 2013; Katz et al., 2017; 仲澤・吉田, 2015; Yoshida et al., 2015）という近年の研究動向をさらに補強するものである。

全体的な考察

本研究は元々スポーツ心理学者（Wann and Branscombe, 1990, 1993）によって紹介されたチーム ID という概念を、社会心理学、組織論、マーケティング論などで提唱されたアイデンティティ関連の四つの理論（アイデンティティ理論、社会的アイデンティティ理論、組織的アイデンティフィケーション理論、消費者と企業間のアイデンティフィケーションモデル）にあてはめ、その概念規定とスポーツ消費者行動への影響を説明することが目的であった。この目的を達成するため、チーム ID の（1）概念規定、（2）理論的説明、（3）実証研究、（4）今後の展望に関する四つの研究課題を設定し、概念的考察および実証研究に取り組んだ。以下では、本研究全体を通した考察を行うとともに、四つ目の研究課題であるチーム ID 研究の今後の方向性について述べる。

1. 役割チーム ID と集団チーム ID

過去 30 年に渡って取り組まれてきたチーム ID 研究は、図 5 のように分類できる。1990 年代から 2000 年代前半にかけて発表された論文の多くはファンとしての役割アイデンティティに基づくチームとの自己同一視に関するものであり、これらは Wann and Branscombe（1993）や Trail and James（2001）に倣ってのものだった。一方、社会的アイデンティティ理論に基づいて集団チーム ID を測定した研究の歴史は比較的浅く、（1）Mael and Ashforth（1992）の組織的アイデンティフィケーション尺度をスポーツ観戦者に応用したものや（Gwinner and Swanson, 2003; Yoshida et al., 2013）、（2）社会的アイデンティティの認知的、感情的、評価的側面などを多次元的に捉えたものが 2000 年代中盤以降に発表され始めた（Dimmock et al., 2005; Heere et al., 2011）。さらに、その後の研究において観戦者の同一視の対象にはスポーツチームだけでなく、同じチームを応援するファン同士のコミュニティの存在が指摘され、Keller（2003）のブランドコミュニティ尺度のファンコ

ミュニティへの応用が進んだ（出口ら，2017；仲澤・吉田，2015；Yoshida et al., 2015)。

このように、チーム ID には役割チーム ID と集団チーム ID の二種類があり、さらにチーム ID とは別にファンコミュニティ ID という集団 ID が存在する。概念的には役割チーム ID がファンとしての役割アイデンティティの顕在化によるチームとの同一視であるのに対し、集団チーム ID とファンコミュニティ ID はスポーツチームやファンコミュニティなどの社会集団に対する観戦者の帰属意識である。これらの測定では役割チーム ID とファンコミュニティ ID は全体的な認知的反応として捉えられる一方で、集団チーム ID の尺度は集団成員性を認知的に測定するものと、感情や他者評価を含めて多次元的に測るものに分かれる（図5）。本研究はこれらの中でも特に（1）役割チーム ID、(2) 集団チーム ID、(3) ファンコミュニティ ID（集団 ID）の概念的かつ統計的区分に取り組んだものであり、その分析では三つのアイデンティティ要因を認知的かつ全体的に測定した。実証研究において要因間の相関関係は強かったが、収束的妥当性と弁別的妥当性の両方を支持する結果が得られ、各要因の概念的な独自性は認められた。さらに、記述統計の結果は、集団チーム ID の平均値（3.09）が役割チーム ID（3.59）やファンコミュニティ ID の平均値（3.36）よりも低く、関係性についても集団チーム ID はファンコミュニティ ID とより強い関係性を示した。その後の仮説検証では集団チーム ID とファンコミュニティ ID が集団的自尊感情と行動的ロイヤルティに正の影響を及ぼし、その影響力は役割チーム ID の影響力よりも強かった。先行研究において役割チーム ID は再観戦意図のようなスポーツ消費の可能性に対して強い影響を与えることが明らかになっているが（Trail et al., 2005；Yoshida et al., 2015)、これらの要因の評価は回答者の間で高くなりやすく、どちらも天井効果の存在が指摘されてきた。一方で、本研究はチーム ID を集団アイデンティティに基づいて測定するとともに（Mael and Ashforth, 1992)、行動的ロイヤルティについても Oliver（1999）の定義を基に環境的変化の影響を含めた形で観測変数を設定した（Garnefeld et al., 2013；Zeithaml et al., 1996)。その結果、集団チーム ID と行動的ロイヤルティの平均値は先行研究におけるチーム ID や再観戦意図の平均値よりも低く抑えられ（e.g., Trail et al.,

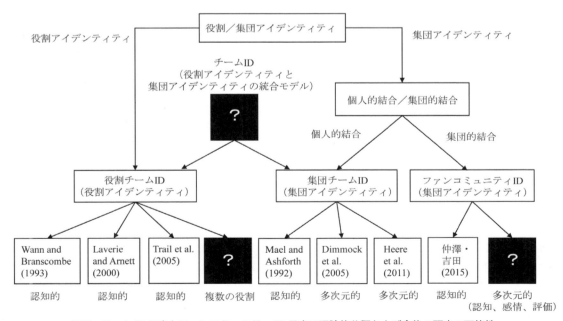

図5　チーム ID 尺度とファンコミュニティ ID 尺度の理論的分類および今後の研究の可能性

2005；Yoshida et al., 2015)、行動的ロイヤルティに影響を及ぼす要因として集団チーム ID とファンコミュニティ ID が特定された。以上の議論と実証研究の結果から、役割チーム ID、集団チーム ID、ファンコミュニティ ID がそれぞれ独立した概念であるとともに、集団心理（集団的自尊感情）や消費者行動（行動的ロイヤルティ）との関係では、集団チーム ID とファンコミュニティ ID がより正確な規定要因であると結論づけることができる。

2. チーム ID 概念の今後

これまで述べてきたように、二種類のチーム ID（役割チーム ID と集団チーム ID）とファンコミュニティ ID は概念規定と測定尺度の両方において検証が重ねられてきたが、次に示す三点については今後の研究によって明らかにする必要がある。すなわち、(1) 役割チーム ID に関して、観戦者としての役割とそれ以外の複数の役割（仕事、家事、スポーツ観戦以外の趣味などに取り組む自分）が同時に顕在化する状況の中で人はどのようにスポーツ観戦を行っているのか、(2) ファンコミュニティ ID は認知的側面だけでなく感情的、評価的側面によって多次元的に捉えることができるのか、(3) 同じチーム ID という概念を役割チーム ID と集団チーム ID という別々の理論的アプローチで捉えた場合、これらの概念の間には関係性（役割⇔集団）があるのかという3つの疑問である。これらの疑問に答えるためには、更なる研究の蓄積が必要である（図5 黒いボックス部分）。以下はこれらの研究課題に対する方向性である。

第一に役割チーム ID の新たな測定として、観戦者の複数の役割を同時に検証する必要がある。役割チーム ID に関する先行研究は観戦者としての役割の顕在化をチーム ID として捉えてきた。しかし人は複数の社会的役割を同時に担っており、別の役割の顕在化がチーム ID と結びつくこともある（Lock and Heere, 2017）。例えばサッカー愛好家がサッカーというつながりで特定のサッカークラブにアイデンティフィケーションを形成し、サッカー愛好家とクラブファンという二つの役割を持つ場合がある。この場合、サッカー愛好家という役割の顕在化が先であり、その後、特定のクラブへの興味が増してサッカーファンという役割チーム ID が形成される。また、観戦者としての役割とサッカー愛好家としての役割が同時に顕在化することも考えられることから、スポーツをみるという役割とスポーツをするという役割が同時に顕在化し、チーム ID に影響するという状況についても今後解明していかなければならない。さらに、日常生活において観戦者が担う役割はチーム ID に関連したスポーツ関連の役割だけでなく、一緒に観戦する友人、家族、職場の同僚などの社会化エージェントとの関係の中で多岐に渡る。役割チーム ID の顕在化につながる観戦者の様々な社会的役割について検討の余地がある。

第二にファンコミュニティ ID が感情的、評価的側面を含む多次元的な概念かどうかについても未だ不明瞭である。ファンコミュニティ ID はファンコミュニティという社会集団への帰属意識であり、集団アイデンティティに基づく自己同一視である。同じ集団アイデンティティの集団チーム ID は認知的側面だけでなく、感情や他者評価の側面も含む（Heere and James, 2007; Heere et al., 2011）。こうしたアプローチがファンコミュニティ ID に応用できるのであれば、これまで認知的側面のみで捉えてきた先行研究に対して新しい知見を提供することが可能となる。そのためには、ファンコミュニティに所属する人々の独特の感情や他者評価を明らかにし、それらの側面を内包した尺度でファンコミュニティ ID を測定した時の構成概念妥当性を検討する必要がある。

最後にチーム ID の中で役割アイデンティティと集団アイデンティティが連続的に（あるいは相互に）関係しているかどうかについても未解明の点がある。本研究は役割チーム ID と集団チーム ID が独立した概念であることを理論的にも実証的にも論じてきたが、これらは自己概念という大きな枠組みの中に内包され、人は両概念を同時に自己の中に持つのではないか。これについてホッグ・アブラムス（1995）は次のようにまとめて

いる。つまり、自己概念は主観的な自己描写と自己評価から成り立ち、自己描写の内容は自己同一化の対象（e.g., 特定のチームのファン、選手の友人）によって異なる。また集団やカテゴリーの成員から派生する自己描写を社会的アイデンティティ（e.g., 集団アイデンティティ）と呼び、特定の他者との関係に帰せられる個人的な自己描写を個人的アイデンティティ（e.g., 役割アイデンティティ）と呼ぶ。そして Stephenson（1981，1984）を引用し、両者はまったくの個人的アイデンティティの極とまったくの社会的アイデンティティの極を両極とする連続体をなしていると結論付けている。さらに、個人的あるいは社会的同一化のいずれかが顕在化し、人が主観的に認知した事柄によって行動内容が決定されるという。

このように自己概念には個人的アイデンティティと社会的アイデンティティの両方が含まれ、それが連続体を成している。このような類似性は、研究者の間でチーム ID を社会的アイデンティティとして定義させる一方で、その分析では役割アイデンティティを測定するという事態を引き起こした。こうした問題を踏まえ、本研究はチーム ID を捉えるために役割アイデンティティと集団アイデンティティのどちらが妥当かではなく、理論的背景や現象に照らし合わせて適切な概念と測定方法を選択すべきという立場をとる。ゆえに両者を同時に用いることもあり得るという点を強調しておきたい。

3. アイデンティティ理論と社会的アイデンティティ理論

アイデンティティ理論と社会的アイデンティティ理論を明確に区別すべきという近年の指摘（Lock and Heere, 2017）に基づき、本研究は役割チーム ID と集団チーム ID の概念的な違いを明確にした（表1）。しかしながら、逆にこれらを理論的に融合させることも可能である。理論的統合は先行研究における様々な見解や矛盾点などを包含する知識の創造に適しており、特に複雑な現象を説明する際に有効である（MacInnis, 2011; Yadav, 2010）。例えば、Bhattacharya and Sen（2003）は社会的アイデンティティ理論と組織的アイデンティフィケーション理論を統合することで消費者と企業間のアイデンティフィケーションモデルを構築し、さらにアイデンティティ理論に基づく企業アイデンティティの顕在化については、消費者の意思決定を調整する変数として設定している。チーム ID に関する複数の理論を誤って混同してはならないが、重要なことは理論的統合を通して新しい関係性を発見し、その理解を深める新たな説明を加えることである（Doherty, 2013）。

結論

本研究は文献研究を通してチーム ID とスポーツ消費者行動の関係の中に潜む普遍的な原理として（1）役割チーム ID の顕在化、（2）顕在性ヒエラルキー、（3）観戦者としての役割行動、（4）自己カテゴリー化、（5）内集団ひいき、（6）組織的同一視、（7）組織支援行動などを特定し、それらを詳細に説明した。さらに、役割チーム ID と集団チーム ID の概念的な違いを検証するために行った実証研究では、両者の弁別的妥当性を確認するとともに、社会的アイデンティティ理論の枠組みにおいては集団チーム ID とファンコミュニティ ID のような社会的アイデンティティの方が役割チーム ID よりも基準変数に対して強い影響を及ぼす結果となった。実証研究は一時点のデータを用いて要因間の関係性を検証したため、因果関係の時系列的な分析に至っておらず、また過去から現在までの期間に形成される住民としての特徴（居住年数やチームと関わる以前からの地域愛着など）を操作変数として含め、その影響の分析も行わなかった。したがって、本研究は縦断的な手法を用いて因果関係を厳密に説明することはできなかったが、役割チーム ID、集団チーム ID、ファンコミュニティ ID という三種類のアイデンティフィケーション関連の要因を初めて同時に扱い、それぞれの影響力を社会的アイデンティティ理論の枠組みの中で説明した。これまでの研究においてチーム ID はアイデンティティ理論と社会的アイデンティティ理論という二つの理論を混同

した形で検証されてきたが、今後の研究では改めて役割チーム ID と集団チーム ID の概念規定と理論的根拠を再検討することが重要である。本研究はこうした概念的考察を深めるものであり、その内容はスポーツファンに関する研究の更なる発展への貢献が期待される。

【文献】

Ashforth, B.E., and Mael, F.A. (1989) Social identity theory and the organization. Academy of Management Review, 14: 20-39.

Bagozzi, R.P., and Yi, Y. (1988) On the evaluation of structural equation models. Journal of the Academy of Marketing Science, 16(1): 74-94.

Bettencourt, B.A., and Dorr, N. (1997) Collective self-esteem as a mediator of the relationship between allocentrism and subjective well-being. Personality and Social Psychology Bulletin, 23: 955-964.

Bhattacharya, C.B., and Sen, S. (2003) Consumer-company identification: A framework for understanding consumers' relationships with companies. Journal of Marketing, 67(2): 76-88.

Boyle, B., and Magnusson, P. (2007) Social identity and brand equity formation: A comparative study of collegiate sports fans. Journal of Sport Management, 21: 497–520.

Burke, P.J., and Stets, J.E. (1999) Trust and commitment through self-verification. Social Psychology Quarterly, 62 (4): 347-360.

Deaux, K. and Burke, P. (2010) Bridging identities. Social Psychology Quarterly, 73(4), 315-320.

Deaux, K., and Martin, D. (2003) Interpersonal networks and social categories: Specifying levels of context in identity processes. Social Psychology Quarterly, 66: 101-117.

出口順子（2017）スポーツ観戦者と社会的アイデンティティ．仲澤眞・吉田政幸（編著）よくわかるスポーツマーケティング．ミネルヴァ書房：京都，pp.100-101.

出口順子・沖村多賀典・井澤悠樹・徳山友・菊池秀夫（2017）Jリーグ観戦者のクラブ支援意図：チームアイデンティフィケーションとの関係性の検討．スポーツマネジメント研究，9（2）：19-34.

Dick, A.S., and Basu, K. (1994) Customer loyalty: Toward an integrated conceptual framework, Journal of the Academy of Marketing Science, 22(2): 99-113.

Dimmock, J.A., Grove, J.R., and Eklund, R.C. (2005) Re-conceptualizing Team Identification: New Dimensions and Their Relationship to Intergroup Bias. Group Dynamics: Theory, Research, and Practice, 9(2)：75-86.

Doherty, A. (2013) Investing in sport management: The value of good theory. Sport Management Review, 16: 5-11.

Dwyer, B., Drayer, J., and Shapiro, S. (2013) Proceed to checkout? The impact of time in advanced ticket purchase decisions. Sport Marketing Quarterly, 22: 166–180.

Fisher, R., and Wakefield, K. (1998) Factors leading to group identification: A field study of winners and losers. Psychology and Marketing, 15: 23-40.

Fornell, C., and Larcker, D.F. (1981) Evaluating structural equation models with unobservable variables and measurement error. Journal of Marketing Research, 18(1): 39-50.

Garnefeld, I., Eggert, A., Helm, S. V., and Tax, S. S. (2013) Growing existing customers' revenue streams through customer referral programs. Journal of Marketing, 77(4): 17–32.

Gwinner, K., and Swanson, S. (2003) A model of fan identification: Antecedents and sponsorship outcomes. Journal of Services Marketing, 17: 275–294.

Hair, J.F., Black, W., Babin, B., Anderson, R.E., and Tatham, R.L. (2006) Multivariate Data Analysis (5th ed.). Prentice Hall: Upper Saddle River, NJ, USA.

Heere, B., & James, J. (2007). Stepping outside the lines: Developing a multi-dimensional team identity scale based on social identity theory. Sport Management Review, 10, 65–91.

Heere, B., James, J., Yoshida, M., and Scremin, G. (2011) The Effect of Associated Group Identities on Team Identity. Journal of Sport Management, 25(6): 606-621.

ホッグ・マイケル・アブラムス・ドミニック：吉森護・野村泰代訳（1995）社会的アイデンティティ理論．北大路書房：京都，p.144.

Hogg, M.A., Terry, D.J., and White, K.M. (1995) A tale of two theories: A critical comparison of identity theory with social identity theory. Social Psychology Quarterly, 58: 255-269.

Hu, L.T., and Bentler, P.M. (1999) Cutoff criteria for fit indexes in covariance structure analysis: conventional criteria versus new alternatives. Structural Equation Modeling, 6(1): 1-55.

池田謙一・唐沢穣・工藤恵理子・村本由紀子（2010）社会心理学．有斐閣：東京，p.209.

Jetten, J., Branscombe, N.R., and Spears, R. (2002) On being peripheral: Effects of identity insecurity on personal and collective self-esteem. European Journal of Social Psychology, 32: 105-123.

Katz, M., and Heere, B. (2013) Leaders and followers: An exploration of the notion of scale-free networks within a new brand community. Journal of Sport Management, 27(4): 271-287.

Katz, M., Marie, R., and Heere, B. (2017) Explaining attendance through the brand community triad: Integrating network theory and team identification. Sport Management Review, forthcoming. doi:10.1016/

j.smr.2017.06.004

Keller, K.L. (2003) Strategic brand management: Building, measuring and managing brand equity (2nd ed.). Prentice-Hall: Englewood Cliffs, NJ, USA.

Laverie, D., and Arnett, D. (2000) Factors affecting fan attendance: The influence of identity salience and satisfaction. Journal of Leisure Research, 32: 225–246.

Lock, D., and Heere, B. (2017) Identity crisis: a theoretical analysis of 'team identification' research. European Sport Management Quarterly, 17(4): 413-435.

Luhtanen, R., and Crocker, J. (1992) A collective self-esteem scale: Self-evaluation of one's social identity. Personality and Social Psychology Bulletin, 18(3): 302-318.

MacInnis, D.J. (2011) A framework for conceptual contributions in marketing. Journal of Marketing, 75(4): 136–154.

Mael, F., and Ashforth, B.E. (1992) Alumni and their alma mater: A partial test of the reformulated model of organizational identification. Journal of Organizational Behavior, 13(2):103-123.

Mael, F.A., and Ashforth, B.E. (2001) Identification in work, war, sports, and religion: Contrasting the benefits and risks. Journal for the Theory of Social Behavior, 31: 197-222.

Markus, H.R. (1977) Self-schemata and processing information about self. Journal of Personality and Social Psychology, 35: 63-78.

松岡宏高（2010）スポーツマネジメントの概念の再検討．スポーツマネジメント研究，2：33-45．

Matsuoka, H., Chelladurai, P., and Harada, M. (2003) Direct and interaction effects of team identification and satisfaction on intention to attend games. Sport Marketing Quarterly, 12(4): 244-253.

Mead, G. (1934) Mind, self, and society. University of Chicago Press: Chicago, IL, USA.

Mullin, B. J., Hardy S., and Sutton, W. A. (2007) Sport marketing (3rd ed.). Human Kinetics: Champaign IL, USA.

Muñiz, A.M., and O'Guinn, T.C. (2001) Brand community. Journal of Consumer Research, 27(4): 412-432.

仲澤眞・吉田政幸（2015）ファンコミュニティの絆：プロスポーツにおけるファンコミュニティ・アイデンティフィケーションの先行要因および結果要因の検証．スポーツマネジメント研究，7：23-38．

Oliver, R.L. (1999) Whence consumer loyalty? Journal of Marketing, 63(5): 33-44.

Robinson, M.J., Trail, G.T., and Kwon, H. (2004) Motives and points of attachment of professional golf spectators. Sport Management Review, 7: 167-192.

Serpe, R.T., and Stryker, S. (2011). The symbolic interactionist perspective and identity theory. In S.J. Schwartz, K. Luyckx, and V.L. Vignoles (eds.), Handbook of Identity theory and research. Springer: NY, USA.

Shapiro, S., Ridinger, L., and Trail, G. (2013) An analysis of multiple spectator consumption behaviors, identification, and future behavioral intentions within the context of a new college football program. Journal of Sport Management, 27: 130-145.

Smith, C.T., and Stewart, B. (2010) The special features of sport. Sport Management Review, 13: 1-13.

Stephenson, G.M. (1981) Intergroup bargaining and negotiation. In J.C. Turner and H. Giles.(Eds.), Intergroup Behavior, Blackwell, Oxford, UK.

Stephenson, G.M. (1984) Interpersonal and intergroup dimensions of bargaining and negotiation. In Tajfel, H. (Eds.), The social dimension: European developments in social psychology, vol. 2, Cambridge Universit Press, Camridge, UK.

Stets, J.E., and Burke, P.J. (2014) The development of identity theory. Advances in Group Processes, 31: 57-97.

Stryker, S. (1980) Symbolic interactionism: A social structural version. Blackburn Press: Caldwell, NJ, USA.

Stryker, S. (2008) From Mead to a structural symbolic interactionism and beyond. Annual Review of Sociology, 34: 15-31.

Stryker, S., and Burke, P.J. (2000) The past, present, and future of an identity theory. Social Psychology Quarterly, 63(4): 284-297.

Stryker, S., and Serpe, R.T. (1994) Identity salience and psychological centrality: Equivalent, overlapping, or complementary concepts? Social Psychology Quarterly, 57: 16-34.

Sutton, W.A., McDonald, M.A., Milne, G.R., and Cimperman, J. (1997) Creating and fostering fan identification in professional sport. Sport Marketing Quarterly, 6(1): 15-22.

Tajfel, H., and Turner, J.C. (1979) An integrative theory of intergroup conflict. In W.G. Austin and S. Worchel (Eds.), The social psychology of intergroup relations (pp.33-47). Brooks/Cole: Monterey, CA, USA.

Tajfel, H., and Turner, J.C. (1986) The social identity theory of intergroup behavior. In S. Worchel, W.G. Austin. (Eds), Psychology of Intergroup Relations (2nd ed.) (pp.7-24). Nelson-Hall: Chicago, IL, USA.

Theodorakis, N., Dimmock, J., Wann, D., and Barlas, A. (2010) Psychometric evaluation of the team identification scale among Greek sport fans: A cross-validation approach. European Sport Management Quarterly, 10(3): 289–305.

Trail, G. T., Anderson, D., and Fink, J. (2005) Consumer satisfaction and identity theory: A model of sport spectator conative loyalty. Sport Marketing Quarterly, 14: 98-111.

Trail, G., Anderson, D., and Lee, D. (2017) A longitudinal study of team-fan role identity on self-reported attendance behavior and future intentions. Journal of Amateur Sport, 3(1): 27-49.

Trail, G.T., and James, J.D. (2001) The motivation scale for sport consumption: Assessment of the scales's psychometric properties. Journal of Sport Behavior, 24(1): 108-127.

Trail, G.T., Robinson, M.J., Dick, R.J., and Gillentine, A.J. (2003) Motives and points of attachment: Fans versus spectators in intercollegiate athletics. Sport Marketing Quarterly, 12(4): 217-227.

Tsuji, Y., Bennett, G., and Zhang, J. (2007) Consumer satisfaction with an action sports event. Sport Marketing Quarterly, 16: 199-208.

Wakefield, K.L. (2007) Team sports marketing. Elsevier: Burlington, MA, USA.

Wann, D.L., and Branscombe, N.R. (1990) Die-hard and fair-weather fans: Effects of identification on BIRGing and CORFing tendencies. Journal of Sport and Social Issues, 14: 103-117.

Wann, D., and Branscombe, N. (1993) Sports fans: Measuring degree of identification with their team. International Journal of Sports Psychology, 24: 1-17.

Wann, D.L., Dimmock, J.A., and Grove, J.R. (2003) Generalizing the team identification-psychological health model to a different sport and culture: The case of Australian Rules football. Group Dynamics: Theory, Research, and Practice, 7: 289-296.

Watkins, B. A. (2014) Revisiting the social identity-brand equity model: An application to professional sports. Journal of Sport Management, 28: 471-480.

Yadav, M.S. (2010) The decline of conceptual articles and implications for knowledge development. Journal of Marketing, 74(1): 1-19.

吉田政幸（2011）スポーツ消費者行動：先行研究の検討．スポーツマネジメント研究，3：5-21.

Yoshida, M., Heere, B., and Gordon, B. (2015) Predicting behavioral loyalty through community: Why other fans are more important than our own intentions, our satisfaction, and the team itself. Journal of Sport Management, 29: 318–333.

Yoshida, M., James, J.D., and Cronin Jr, J.J. (2013) Value creation: assessing the relationships between quality, consumption value and behavioural intentions at sporting events. International Journal of Sports Marketing and Sponsorship, 14(2):126-148.

Zeithaml, V. A., Berry, L. L., and Parasuraman, A. (1996) The behavioral consequences of service quality. Journal of Marketing, 60(2): 31-46.

（2018年4月2日　受付
2018年9月6日　受理）

【原著論文】

スタジアムにおけるスポーツ観戦関与

Spectator Involvement at Sport Stadiums

井上尊寛 [1)]　松岡宏高 [2)]　吉田政幸 [1)]　蔵桝利恵子 [3)]

1) 法政大学、2) 早稲田大学、3) 京都テルサフィットネスクラブ

Abstract

In sport management, there are few studies that have paid its attention to sport involvement among spectators. Thus, examining sport involvement to understand the sport consumption behavior of spectators is important. The purposes of this study are (1) to provide evidence of the reliability, construct validity, and hierarchical structure of the proposed spectator involvement scale and (2) to examine the relationships of spectator involvement with several outcome variables. We analyzed a sample of 892 spectators at professional soccer and baseball games in Japan. The results of confirmatory factor analysis indicated the reliability and validity of the spectator involvement scale which consisted of five factors. The findings of structural equation modeling supported the relationship between spectator involvement and the outcome variables.

Key words: spectator involvement, hierarchical relationship, means-end chain model, social identity theory

キーワード：スポーツ観戦関与、階層性、手段目的連鎖モデル、社会的アイデンティティ理論

連絡先：井上尊寛
法政大学
〒194-0298　東京都町田市相原 4342

Address Correspondence to: Takahiro Inoue
Faculty of Sports & Health Studies, Hosei University
4342 Aihara-machi, Machida-shi, Tokyo, Japan, 194-0298
Email: Takahiro.inoue.ke@hosei.ac.jp

緒言

　スポーツマネジメントにおいて、ファンが、なぜスタジアムに足を運ぶのかというスポーツ観戦における消費者行動を理解することは、学術的にも実務的にも重要な課題である。これまでのスポーツマネジメント研究領域においては、スポーツ観戦者やファンの行動を予測する要因として、観戦動機（motivation）、チーム・アイデンティフィケーション（team identification）、愛着の対象（point of attachment）、チームロイヤルティ（team loyalty）などに着目した研究が数多く報告されてきた（吉田，2011）。これらの要因と同様に消費者行動を説明する重要な要因と考えられているのが消費に対する関与という概念であるが（坂口・菊池，2001）、スポーツ消費者行動研究の中では関与に着目した研究が少ないのが現状である。（Funk et al., 2004）。

　消費者行動に関する関与についての研究は、Krugman（1965；1966）が「自我関与」の概念を発表したことに起因し、多くの研究者によって関与の理論的な枠組みやそれを取り巻く他の要因との関係が検証されてきた。関与概念は情報処理、意思決定プロセス、広告効果、ブランド選択、ブランドロイヤルティ、態度、顧客満足、そして購買意図や購買行動などの説明変数や調整変数として用いられ（Homburg and Giering, 2001；西原，2013；Seiders et al., 2005）、あらゆる消費局面において適用範囲が広く、汎用性が高い変数であることが明らかにされている。

　スポーツ活動への参加やスポーツ観戦への関与は、スポーツ関与（sport involvement）と呼ばれ、レジャー研究領域やスポーツマネジメント研究領域で検証されてきた（Beaton et al., 2011；Funk et al., 2004；Havitz and Dimanche, 1997；1999；Kunkel et al., 2013）。概念的には、スポーツ種目、チーム、リーグなどが自己の興味、関心の程度や自己の価値観の中で占める割合によって捉えられる（Beaton et al., 2011；Funk et al., 2004）。しかしながら、スポーツ関与に着目した研究は、スポーツマネジメント領域では少なく、消費者行動領域における関与の重要性や有用性を踏まえると、スポーツ消費者をより理解するためにも関与概念をスポーツの文脈へと拡張させる研究は重要である（Funk et al., 2004）。スポーツ関与に関する先行研究は、スタジアムでの直接観戦だけでなくテレビ視聴もスポーツ観戦に含み、これらを明確に区別していないことや、スタジアムで観戦するファンや観戦者特有の要因を特定する段階に至っていないことなどの課題が残されている。また、スタジアムで観戦する者の関与を測定する尺度の妥当性の検証や、要因間の関係性、種目間での比較などについても知見が集積されておらず、検討の余地がある（坂口・菊池，2001）。

　スポーツ関与に着目した研究は、特にレジャー研究領域において比較的多く報告されており、関与を「特定の刺激あるいは状況によって引き起こされた、動機づけや関心の高い状態」として捉え、消費者行動研究の枠組みを応用しスポーツ行動との関係を解明しようと試みている（坂口・菊池，2001）。また、スポーツマネジメント領域では、スポーツ関与はスポーツと関連する消費活動に関わる興味、欲求、動機の程度について心理的に構成および反映される概念であると説明され、その測定尺度についても検討されている（Funk, 2008）。ただし、スポーツ関与を構成する要因間の関係（階層性）や結果要因との関係については十分には検討されておらず、課題として残されている（Funk et al., 2004）。

　以上をまとめると、これまでの消費者行動研究における関与概念を用いた研究は、その汎用性の高さや様々な消費者行動の局面との関係性から数多く発表されているのに対し、スポーツマネジメント領域では関与を用いた研究が少ない。さらに、我が国においては、特に観戦者のスポーツ観戦関与を測定し、観戦者やファンの消費者行動を解明しようとする試みはほとんど報告されていない。これらのことから、本研究は次の2つを目的として設定した。すなわち、（1）スタジアム観戦者のスポーツ観戦関与に着目し、測定尺度の妥当性と要因間の次元性および階層性を支持する証左を示

すこと、(2) スポーツ観戦関与と結果要因の関係性を明らかにすることである。これらの問題解決に資する情報の収集及び分析は学術的にも新規性があり、研究として高い価値を有すると考えられる。

概念的枠組み

1. スポーツ関与概念の多次元性

スポーツ観戦者の行動の解明を目的とした研究はこれまでに多く行われてきたが、特に観戦動機に対して多くの研究者が関心を寄せてきた（吉田, 2011）。観戦動機は観戦者やファンがスタジアムになぜ足を運ぶのか、何が駆り立てるのかといったニーズや欲求を表す要因として捉えられ、社会的欲求と、感情的な欲求によって構成されている（仲澤ほか, 2014；Trail and James, 2001）。これらは、内発的および外発的な動機として捉えることが可能であり、これまでに動機と行動や意図との関係についても検証されてきた（Funk et al., 2009；吉田, 2011）。一方で関与は、認知的な反応である動機に目標や価値が付与された状態を示すものであり、全て内発的な要因にて構成され、態度形成やブランド価値に影響を与える要因としての汎用性が認められてきた。

青木（1990, p.131）は、関与を「対象や状況（ないし課題）といった諸要因によって活性化された個人内の目標志向的な状態であり、個人の価値体系の支配を受け、当該対象や状況（ないし課題）に関わる情報処理や意思決定の水準およびその内容を規定する状態変数」と定義している。また、西原（2013）によれば関与は、態度対象に対する興味、関心、覚醒、動因の程度や量あるいはその強度と捉えることができると述べられている。これらの定義を基に、井上ほか（2016, p.5）によると、観戦者のスポーツ関与を「態度対象に対しての個人の価値や動機づけられた結果として生じる心理状態」と捉えている。本研究では、これまでに用いられてきたスポーツ関与という概念をスタジアム観戦の文脈で拡張した概念として、「観戦者がスタジアムにてスポーツ観戦を行うことに対して感じている価値や、観戦へ動機づけられた結果として喚起される心理状態」として捉えたスポーツ観戦関与として論を進めていくものとする。スポーツマネジメント研究において、スポーツ関与は観戦動機と愛着、アイデンティフィケーション、ロイヤルティなどとの関係性を媒介、もしくは調整する変数としてその有用性が確認されている。このことからも、スポーツ観戦関与は観戦者の行動を予測する重要な要因となり得ると考えられる（Funk et al., 2007；Kyle et al., 2006）。

スポーツ関与は、特定の状況および対象に対して、自己の興味、関心の程度や価値として捉えることが可能であり、多様な価値を有している（Funk et al., 2004）。この説明はスポーツ関与が多次元的な概念であることを示唆しているが、この考えの基になっているのが Laurent and Kapferer（1985）が示した消費者関与の多次元要因、つまり重要性、娯楽性、記号性、リスクの重要性、そしてリスクの可能性の5要因である。この多次元性はレジャー研究およびスポーツマネジメント研究においても援用されている（Beaton et al., 2011；Funk et al., 2004；Havitz and Dimanche, 1997；1999；Kunkel et al., 2013）。Funk et al.（2004）はスポーツ観戦者の関与を魅力（attraction）、自己表現（self-expression）、中心性（centrality）、リスク（risk）の4つの要因にて概念化し、観戦動機との関係性からモデルの妥当性を確認している。Beaton et al.（2011）は、スポーツ活動の快楽性と象徴性に着目し、快楽的価値（hedonic value）、象徴的価値（symbolic value）を中心性（centrality）に加えて3つの要因でスポーツ関与を測定している。さらにスポーツ観戦者の関与を個人と関与対象との精神的なつながりと捉えた Kunkel et al.（2013）も心理的要因に着目した点では同様であり、娯楽性（pleasure）、中心性（centrality）、記号性（sign）の3つの要因にてスポーツ観戦者の関与を測定している。

2. スタジアム観戦者特有の要因について

関与概念の多次元性について Kyle et al.（2004）は、イベント参加者の関与を魅力（attraction）、

中心性（centrality）、自己表現（self-expression）の3つの要因に分類し、場所への愛着や連帯性（social bonding）および環境としての賑わい（perceptions of setting density）との関係について検証をおこなっている。またLee（2011）は、イベント参加への関与と場所への愛着がコミットメントに影響を与えることを明らかにしている。これらのことからも、スポーツ消費者が価値を見出す対象として、多様な要素が存在する可能性が示唆される。Kyle et al.（2006）は、レジャー活動に紐づく他者との交流やつながりは、人々の生活の中でレジャー活動が占める関心の程度や価値観と密接に関係していると指摘しており、このことはスポーツ関与の新たな因子として連帯性が存在することを示している。

　これらの先行研究で、最も共通している因子は娯楽性（あるいは魅力）、中心性、記号性（あるいは自己表現）の3つの要因である。一方、連帯性は検証が不十分だが、スポーツ消費は人々の交流を必要とする社会的な営みであることから（Funk, 2008；Funk et al., 2009；Funk and James, 2001）、スポーツ関与の中に連帯性を含めることは概念的に適切である。

　次に、スタジアム観戦者特有の要因として、スタジアムそのものが価値を見出す対象となり得ると考えられることから、以下ではスタジアムと関連する関与要因について説明する。スポーツ観戦者において、スタジアムは特別な場所である。観戦者はスタジアムに愛着を抱き、誇りを感じるなど（吉田ほか, 2017）、スタジアムに特別な価値を見出すことが報告されており、この価値は場所への帰属性（sense of home）と呼ばれている（Lee et al., 2012）。スポーツマネジメント領域の研究においても、開催地や場所などの特定の場所への愛着が観戦行動に影響を与えることが示されている（Lee, 2011）。これらのことから、観戦者はスタジアムに対して心理的な結びつきや愛着を抱き、帰属意識を持つことから、場所への帰属性は観戦者特有のスポーツ観戦関与の要因の一つとして位置づけられる。以上の議論から、本研究は「他の観戦者」との連帯性と「場所（スタジアム）」への帰属意識を新たな関与次元として特定したが、一方でその他のコーチや選手などはスポーツ関与の対象として含めないものとした。その理由は、コーチや選手といった個人との結びつきは関係性が永続的ではないこと、個人によって関与対象が異なり、特定が困難であることなどが挙げられる。

3. スポーツ観戦関与因子の定義

　本研究では、これまでの先行研究をもとに、スポーツ観戦関与を娯楽性、中心性、記号性の3要因に加え、新たに連帯性と場所への帰属性の2要因を加える（表1）。各要因の定義については次のとおりである。娯楽性とは、スタジアム観戦が生み出す楽しみのことである（Beaton et al., 2011）。中心性とは個々のライフスタイルにおいて、スポーツ観戦がどの程度重要であるかという関心の程度である（Beaton et al., 2011）。記号性とは、スポーツ観戦に起因する自己表出的で象徴的な価値である（Funk et al., 2004）。連帯性とはスタジアム観戦における観戦者同士の交流によって形成された他者とのつながりである（Kyle et al., 2006）。最後に、場所への帰属性とは、スタジアムを特別な場所として、特別な意味や誇り、愛着を表す対象として捉える感覚である（Charleston, 2009；Lee et al., 2012；2013）。

4. スポーツ観戦関与の階層性

　先行研究においてスポーツ関与の構成概念としての次元性は議論され、スポーツ観戦との関係性についても検討されてきた（Funk et al., 2004；Ko et al., 2017；Kunkel et al., 2013）。しかしながら、複数の要因を何らかの基準をもってまとめる、あるいはその階層性についての検討などはこれまで十分に行われてこなかった。過去の研究において関与は、価値と動機を基盤とし、消費者個人の価値体系に影響を受けることが明らかにされている。特に対象特定的関与は、関与対象と消費者個人の価値とのかかわりをベースに論じられることから（青木, 1988；池尾ほか, 2010）、スポーツ観戦関与は価値の階層によって区分することが可能である。

表1　関与に関する先行研究

Laurent and Kapferer (1985)	Beaton et al. (2011)	Funk et al. (2004)	Kunkel et al. (2013)	Kyle et al. (2006)	本研究
娯楽性	快楽的価値	魅力	娯楽性	魅力	娯楽性
重要性	中心性	中心性	中心性	中心性	中心性
記号性	象徴的価値	自己表現	記号性	自己表現	記号性
				連帯性	連帯性
					場所への帰属性
				自己肯定	
リスクの重要性		リスク			
リスクの可能性					

† 娯楽性、快楽的価値、魅力はいずれも個人がスポーツを消費する局面において感じる快感情と関係していることから、同様の要因として捉える事ができる。
†† 重要性、中心性はいずれも、個人が関与対象に感じている関心の程度と関係していることから、同様の要因として捉える事ができる。
††† 記号性、象徴的価値、自己表現、自己肯定はいずれも、関与対象が自らを象徴する状態と関係していることから、同様の要因として捉える事ができる。

　そもそも関与における価値は、自らの価値体系の中で中心的価値を実現するという最終的な目的を「究極的価値」として捉え、その下位の価値は、究極的価値を成立させるための「手段的価値」として位置づけている（青木ほか，2012）。これらの価値は高い階層に進むにつれ抽象度が高くなり、自己知識との結びつきが深くなることも示されている（青木ほか，2012；池尾ほか，2010）。究極的価値とは、「消費者の求める最終的な目標をきわめて抽象的に表したもの」であり、手段的価値とは「究極的価値を実現するためにとられる行動や行為など」と捉えられる（青木ほか，2012, p.170）。和田（2002）による価値次元の階層性の枠組みという観点からは、手段的価値階層は、消費に伴う快感情から生じる感覚的な価値として、究極的価値は自己と対象との共通性・共感性などから生じる観念的価値の段階として捉えることも可能である。

　スポーツ観戦関与における究極的価値とは、自らの価値体系の中でチームやスタジアムなどの態度対象が象徴的な存在になる状態として捉えられる一方で、楽しさや興味関心の程度、他者との交流に起因する楽しみなどの快感情は、手段的な価値の段階である。これらのことから本研究では、スポーツ観戦関与の階層を、2つの水準に区分することとする。つまり、下位の段階として、これまでの経験や知識の積み重ねの中で個人が感じている快感情、具体的には楽しみや、他者との交流、自己の興味関心の程度などを表す快楽的要因と、上位の段階として自己の願う望ましい目標の状態を表す、自己表出的要因の2つの水準であり、これらの2つの段階によってスポーツ観戦関与が構成されるものとして概念化する。

理論的枠組み

　本研究は、スポーツ観戦関与を5つの要因を用いて測定する。さらに、要因間の階層性を確認するために、快楽的要因（娯楽性、中心性、連帯性）と自己表出的要因（記号性、場所への帰属性）の2つの水準に区分したモデルの妥当性を検証する。さらに、行動との関係についても、快楽的要因のそれぞれから結果要因に対して直接的または自己表出的要因を媒介して影響を与えるのかという直接および間接効果についても検証を行う。したがって以下では、スポーツ観戦関与の階層性、および行動との関係についてのそれぞれの理論的枠組みと設定する仮説の導出根拠について記述する。

1.　スポーツ観戦関与尺度

　スポーツ観戦関与間の関係性については、手段―目的連鎖モデル（means-end chain model）をその理論的な基盤とした（Gutman, 1982）。手段―

目的連鎖モデルについて、青木ら（2012）によると、製品は消費者の価値となる目標を達成する手段として捉えられ、その関係が一つの階層構造からなる連鎖的媒体として概念化されると述べられている。すなわち製品に対する知識と自己概念との関連性が高まることにより、製品の抽象化水準が高まり、さらに強く動機づけられていくと考えられる。手段─目的連鎖モデルの階層において最も高い階層に位置づけられ、抽象化水準の高い階層は「価値」に相当する。価値はさらに、究極的価値と下位の具体性を帯びた手段的価値という構造になっている。これらのことから、スタジアム観戦という消費者行動は、消費の結果によって生じた興味・関心などの快感情と、消費者の中心的な価値を反映した自己概念との関連性が深まることによって、より関与が高まることが想定され、それぞれの要因に対応する動機や価値を基盤とするスポーツ観戦関与は階層性を有することが予想される。本研究では、快楽的要因として3つの要因（娯楽性、中心性、連帯性）と自己表出的要因として2つの要因（記号性、場所への帰属性）を設定することから、以下の仮説を導出した。

仮説1（H1）：スポーツ観戦関与における快楽的要因の娯楽性、中心性、連帯性は、自己表出的要因の記号性（H1a、H1b、H1c）と場所への帰属性（H1d、H1e、H1f）に正の影響を及ぼす。

2. 快楽的要因および自己表出要因と結果要因との関係

快楽的要因と結果要因との関係性については、自己決定理論をベースとする（Deci and Ryan, 1985）。自己決定理論において、内発的動機づけは、活動それ自体を目的として興味や楽しさなどの感情から自発的に行動する動機づけであり、内発性の要因によって、自発的な行動が誘引される。観戦者やファンは、過去の消費経験によって得た知識によって、対象と自己との関連性を感知し、究極的な目標を達成するために具体的な行動を起こすものと考えられる。また、自己表出的要因と結果要因との関係については、社会的アイデンティティ理論（Tajfel and Turner, 1985）を基盤とする。社会的アイデンティティ理論によると、自らが所属する社会的集団特有の独自性を認知することで、そのグループへの所属の感覚がさらに増すことや、社会的集団と自己を同一視するようになると、集団に対して利他的に関わるようになる。さらにその結果として、人々は所属する集団に対して支援的な行動をとるようになる（Hogg and Terry, 2000）。

これまでの研究において、ファンのチームへの

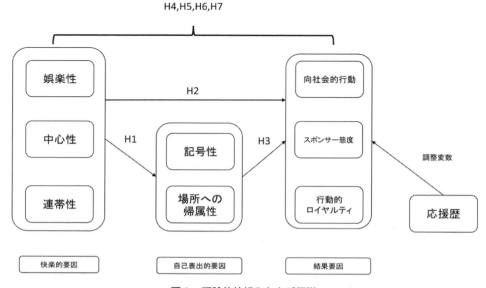

図1　理論的枠組みおよび仮説

愛着が高まると、様々な支援を行うことが実証されている（Yoshida et al., 2014）。さらにグッズの購入や継続的な観戦などの、商業的な取引関係（行動的ロイヤルティ、スポンサー態度）のみならず、向社会的な行動（向社会的行動）もとることが示されている（Inoue et al., 2014；Yoshida et al., 2014）。これらのことから、関与を構成する上位の要因が向社会的行動、スポンサー態度、行動的ロイヤルティなどの支援的反応へ影響を与えることが予想される。

　仮説2（H2）：快楽的要因（娯楽性、中心性、連帯性）は向社会的行動（H2a、H2b、H2c）、スポンサー態度（H2d、H2e、H2f）、行動的ロイヤルティ（H2g、H2h、H2i）に正の影響を与える。

　仮説3（H3）：自己表出的要因（記号性、場所への帰属性）は向社会的行動（H3a、H3b）、スポンサー態度（H3c、H3d）、行動的ロイヤルティ（H3e、H3f）に正の影響を及ぼす。

3.　自己表出的要因の媒介効果

　本研究では、スポーツ観戦関与において快楽的要因は自己表出的要因の下位の水準であるとし、それぞれの要因が関与対象に対して正の影響を及ぼすと仮定した。社会的アイデンティティ理論の説明にあるように（Hogg and Terry, 2000；Mael and Asfhorth, 1992；2001）、関与が高まると所属している集団に対して利他的に関わることが示されていることからも、快楽的要因と関与対象への行動や態度を自己表出的要因が媒介することが予想される。そのため快楽的要因の段階と結果要因の直接効果に加え、自己表出的要因が媒介する間接的な効果についても想定し以下の仮説を設定した。

　仮説4（H4）：記号性は娯楽性（H4a）、中心性（H4b）、連帯性（H4c）からスポンサー態度に対して与える影響を媒介し、場所への帰属性は、娯楽性（H4d）、中心性（H4e）、連帯性（H4f）からスポンサー態度に対して与える影響を媒介する。

　仮説5（H5）：記号性は娯楽性（H5a）、中心性（H5b）、連帯性（H5c）から向社会的行動に対して与える影響を媒介し、場所への帰属性は、娯楽性（H5d）、中心性（H5e）、連帯性（H5f）から向社会的行動に対して与える影響を媒介する。

　仮説6（H6）：記号性は娯楽性（H6a）、中心性（H6b）、連帯性（H6c）から行動的ロイヤルティに対して与える影響を媒介し、場所への帰属性は、娯楽性（H6d）、中心性（H6e）、連帯性（H6f）から行動的ロイヤルティに対して与える影響を媒介する。

研究の方法

1.　尺度開発の手順

　本研究では、スポーツ観戦関与の構造について検討し、尺度開発を行った。これまでの研究では、スポーツ関与を多次元で測定しているものが主である（Beaton et al., 2011；Funk et al., 2004；坂口・菊池, 2001）。Funk et al.（2004）では、スポーツ関与の測定に、魅力、リスク、中心性、自己表現を用いている。坂口・菊池（2001）では、重要性、中心性、娯楽性、リスクなどの要因を用いて尺度の妥当性を確認している。また、Beaton et al.（2009）では、娯楽性、中心性、記号性の3要因で関与を測定している。さらにスポーツ関与の独立変数として観戦動機が関係していることが認められている。

　そこで本研究では、スポーツ関与を価値との関係性についても踏まえて検討された尺度を用いて測定したBeaton et al.（2011）のスポーツ関与尺度を援用し、娯楽性、中心性、記号性の3つの要因を用いた。また、Jun et al.（2012）のスポーツ関与尺度から連帯性の要因を用い、そのうちの2項目を使用した。さらに場所への帰属性については、Lee et al.（2012）のホームスタジアムの感覚（sense of home stadium）を応用した。

　結果要因について本研究では、社会的アイデンティティ理論を基に仮説を設定していることから、商業的な行動を示す要因と利他的な行動を示す要因の2種類を設定した。まず、商業的な関係

を示す要因として行動的ロイヤルティおよびスポンサー態度を用いた。行動的ロイヤルティについては、出口・辻・吉田（2018）の項目を用いた。さらにスポンサーへの態度については、Inoue et al.（2014）の尺度を用いた。次に、非商業的な取引関係を示す要因として向社会的行動を用いた。項目についてはPodsakoff et al.（1997）の組織市民行動尺度から援用した。すべての項目は「1：まったくあてはまらない」から「7：おおいにあてはまる」までの7段階尺度によって測定した。

2. 質問項目の翻訳

本研究で用いた多くの項目は英語の文献が元となっている。英語で設定された尺度を翻訳する際の妥当性を担保するため、スポーツマーケティングを専門とするバイリンガルの研究者2名による翻訳を実施した。まず、1名が質問項目を英語から日本語に翻訳し、別の1名が翻訳された項目と原文の内容が大きく意味が変わらないことを確認した。その後英語に再翻訳し英語を母国語とする研究者によって原文と大きく齟齬がないことを確認し、尺度の内容について妥当性が確認された。

3. データの収集

本研究では、スポーツ観戦関与の尺度の信頼性と妥当性を検証するため、以下の2点の理由からプロサッカーおよびプロ野球を調査対象として設定した。（1）わが国においてスタジアム観戦として十分に定着していること。（2）スタジアム観戦が定着したプロサッカーとプロ野球では、本研究で新たに設定するファン同士の連帯性や場所（スタジアム）への帰属性などの要因を観測することができることである。

さらに本研究は、関東圏のトップレベルのプロサッカークラブとプロ野球チームを対象とした。理由は本研究が地域性（関東と関西）や競技レベル（ディビジョン1、2、3）の影響の検証を目的としていないからである。また、それらの試合の中でも特別な試合（開幕戦、優勝が決まる試合、最も人気のあるチームとの試合など）を避け、調査を実施した。調査は2017年7月から9月にかけて3回実施した。標本1（2017年8月実施）および標本2（2017年9月実施）は関東圏を本拠地とするJリーグディビジョン1に所属するクラブを対象とした。標本3（2017年8月実施）は関東圏を本拠地とするプロ野球の球団を対象とした。

調査員はスポーツマネジメントを専門とする大学生であり、標本1および標本2では18名、標本3では22名の調査員によってデータの収集を行った。調査員は全員が調査の手法だけでなく、回答者に対する説明事項や留意事項などについても十分な事前指導を受けた。調査員は回答者に調査の目的を伝え、さらに匿名性の確保、回答者はボランティアで協力してもらうことを伝えデータを収集した。データ収集は選択した試合で、試合前に、アクセス可能な母集団の中でも代表性を高めるため、層化抽出により、各調査員が担当したエリアに来場した観戦者の男女比および年齢構成比を観測し、標本を抽出した。標本1では446票を配布し、443票を回収した。回収率は99.3%であった。標本2では450票を配布し、447票を回収した。回収率は99.3%であった。標本3では330票を配布し、329票を回収した。回収率は99.6%であった。

4. 分析の手続き

本研究における分析について、まずは尺度開発、次元性の確認および妥当性の検証（標本1：プロサッカー、クラブA）を行い、次にスポーツ観戦関与と他の要因（結果要因：向社会的行動、スポンサー態度、ロイヤルティ）との関係性の検証（標本2：プロサッカー、クラブB、標本3：プロ野球）を行った。次に、スポーツ観戦関与と従属変数との関連性を検証するため、標本3の調査ではこれまでスポーツマネジメント研究にてスポーツ消費者の行動を予測するために用いられてきた行動的ロイヤルティとスポンサー態度を従属変数として設定した。本研究では、スポーツ観戦者を母集団とし、種目間の比較を目的に含めないことから、標本3の結果を受け、その後の標本2の調査では、他の要因との関係性を検証するために、スポンサー態度と新たに向社会的行動を加え調査をおこな

った。

　記述統計量、信頼性係数の算出にはIBM SPSS Statistics Version 24を用いた。尺度の妥当性を検証するため確認的因子分析を行った。また関与と結果要因との間に示す直接的な影響関係を検証するため、IBM SPSS Amos Version 24を用い共分散構造分析を行った。さらに、要因間の関係性を詳細に分析するため、Mplus version7.31を用いて間接的な効果について分析を行った。

　本研究では、関与を2つの水準に区分した。下位の水準として、快楽的要因の3要因（8項目）、上位の水準として自己表出的要因を2要因（6項目）そして結果要因として向社会的行動（4項目）とスポンサーへの態度（3項目）、行動的ロイヤルティ（4項目）を用いた。また、調整変数として応援年数を用いた。確認的因子分析および共分散構造分析にはホームチームの応援者のみを用い、それぞれ344名（標本1）、300名（標本2）、304名（標本3）を対象とした。また間接効果の検証では欠損が無い者のみを抽出したため、それぞれ290名（標本2）、258名（標本3）を分析の対象とした。

結果

1.　構成概念妥当性の検証

　各標本について、収束的妥当性および弁別的妥当性の検討を行うため、確認的因子分析を行った。分析にはAmos24を用いた。まず収束的妥当性を確認するため、因子負荷量（λ）、合成信頼性（Composite Reliability: CR）、平均分散抽出（Average variance extracted: AVE）を算出した結果、すべての要因において基準値（$λ ≧ .70$, Hair et al., 2006；$CR ≧ .60$, Bagozzi and Yi, 1988；$AVE ≧ .50$, Fornell and Larcker, 1981）を上回ったことから、収束的妥当性が確認された。弁別的妥当性については、各要因のAVEと因子間相関の二乗を比較したところ、すべての要因間においてAVEの値の方が高かったことから、弁別的妥当性が確認された（表2から表5）。モデルの適合度に関しては、$χ^2$値と自由度（df）で除した値（$χ^2/df$）が基準値（$≦ 3.00$）を満たし、comparative fit index（基準値：$CFI ≧ .90$, Hu and Bentler, 1999）、bentler-bonett normed fit index（基準値：$NFI ≧ .90$, Hair et al., 2006）、root mean square error of approximation（基準値：$RMSEA ≦ .080$, Hu and Bentler, 1999）などの指標のすべてを満たした（表2）。以上の結果によって、すべての標本間において本研究で用いる尺度のデータへの適合が確認された。

　次に本研究において、これまでの尺度に新たに加えた2つの要因（連帯性、場所への帰属性）とスポーツ観戦関与との関係を検証するため、スポーツ観戦関与を高次因子とし分析を行った。モデルの適合度は、$χ^2$値と自由度（df）で除した値（$χ^2/df = 3.25$）が基準値（$≦ 3.00$）をわずかに満たさなかったが、標本1で用いたデータが比較的大きく、サンプル数の影響を受けている可能性が高いことが考えられ、帰無仮説が棄却されやすくなるということが指摘されている（豊田、2007）。しかしながらその他の値（CFI=.97, NFI=.96, RMSEA=.08）は基準値を満たし、さらに標本1を用いて行った確認的因子分析ではすべての基準値を満たしていたため、総合的に判断し本モデルはデータに適合していると考えられる（図2）。さらに、各要因へ因子負荷量は、すべての要因が統計的に有意な正の値を示した。新たに加えた2つの要因のうち、特に場所への帰属性については高い値を示した（$λ= .95$）。これらのことから、新たに加えた2要因を含む5要因のモデルとしての妥当性が確認された。

2.　仮説の検証

2-1. 直接効果の検証

　スポーツ観戦関与尺度の妥当性が確認できたことから、スポーツ観戦関与と結果要因との間に示す関係性について、共分散構造分析を用い分析を行った。本研究ではスポーツ観戦関与を5次元で測定している。記号性および場所への帰属性を自己表出的要因として捉え、娯楽性、中心性、連帯性の3要因で構成される快楽的要因の媒介変数として設定した。結果要因として標本2では向社会的行動、スポンサー態度を設定し、標本3ではス

表 2 確認的因子分析の結果

要因	質問項目	標本1 λ	標本1 CR	標本1 AVE	標本2 λ	標本2 CR	標本2 AVE	標本3 λ	標本3 CR	標本3 AVE
娯楽性	1. （クラブ名）を応援することは楽しい	.94	.97	.92	.89	.95	.87	.89	.95	.87
	2. （クラブ名）を応援することは、あなたにとって最も満足していることの一つである	.98			.94			.96		
	3. あなたは（クラブ名）を応援することを本当に楽しんでいる	.95			.97			.94		
中心性	1. （クラブ名）を応援することは、あなたの生活の中で中心的な役割がある	.81	.93	.82	.81	.94	.83	.89	.97	.90
	2. あなたの生活の大半は、（クラブ名）を応援することを中心に計画されている	.96			.96			.99		
	3. あなたの時間の大半は、（クラブ名）を応援することを中心に回っている	.94			.96			.97		
記号性	1. （クラブ名）を応援することは、あなたが誰であるかを表している	.92	.95	.87	.92	.96	.88	.94	.97	.92
	2. （クラブ名）を応援することは、あなたに関して何か（特徴）を物語っている	.98			.95			.98		
	3. （クラブ名）を応援することは、あなたがどのような人間であるかという印象を他者に与えている	.89			.94			.96		
連帯性	1. あなたの友達の多くは、（クラブ名）を応援することと何らかの形でつながっている	.97	.90	.82	.90	.85	.74	.89	.87	.77
	2. （クラブ名）を応援することは、友達と一緒に過ごす機会を与えてくれる	.83			.82			.87		
場所への帰属性	1. 自分の自宅と同じように、応援するチームのスタジアムはあなたにとって多くの意味を持っている	.89	.94	.83	.93	.94	.83	.92	.95	.85
	2. 自分の自宅と同じように、あなたの応援するチームのスタジアムを我が家のように感じる	.93			.93			.96		
	3. あなたにとって、応援するチームのスタジアムはほかのどんな場所よりも居心地よく感じる場所の一つである	.92			.88			.89		
向社会的行動	1. （クラブ名）を応援する人たちが支援を必要としていたら、あなたは力を貸す				.95	.95	.83			
	2. （クラブ名）を応援する人たちを手助けするためなら、あなたは自分の専門性をこころよく提供する				.93					
	3. （クラブ名）を応援する人たちを支援するためなら、あなたは自分の時間をこころよく差し出す				.93					
	4. もし（クラブ名）のシーズンの成績が振るわなかったら、あなたはクラブを応援する人たちを励ます				.82					
スポンサー態度	1. （クラブ名）とのスポンサー契約の影響で、スポンサーの製品やサービスをより使うようになっている				.95	.98	.93	.95	.97	.92
	2. （クラブ名）とのスポンサー契約の影響で、何かを買うときには、スポンサーの製品やサービスを候補に挙げている				.97			.98		
	3. （クラブ名）とのスポンサー契約の影響によって、スポンサーの製品やサービスを購入する可能性が高くなっている				.97			.95		
行動的ロイヤリティ	1. （クラブ名）について、あなたはよく他の人（知人、家族など）と前向きな話をする							.83	.89	.67
	2. 今後数年間、あなたは（クラブ名）のロゴが表示されたアパレル製品をさらに多く購入する							.81		
	3. もしチケット価格が値上がりしたとしても、あなたは（クラブ名）の試合観戦を続けるだろう							.84		
	4. もし（クラブ名）のシーズンの成績が振るわなかったとしても、あなたは（クラブ名）の試合をスタジアムで観戦し続けるだろう							.80		
χ^2 (df)		197.624 (67)			360.58 (168)			443.653 (168)		
χ^2/df		2.95			2.15			2.64		
CFI		.98			.98			.97		
NFI		.96			.95			.95		
RMSEA		.075			.062			.074		

† 分析には SPSS Amos 24 を用いた。

表3　因子間相関、平均値、標準偏差（標本1：プロサッカー）

要因	平均	標準偏差	因子間相関				
			1	2	3	4	5
1. 娯楽性	6.39	1.24	—				
2. 中心性	5.45	1.45	.38	—			
3. 記号性	5.03	1.43	.28	.56	—		
4. 連帯性	5.08	1.64	.39	.22	.32	—	
5. 場所への帰属性	5.35	1.38	.46	.74	.70	.33	—

† 各項目は1:「まったくあてはまらない」から7:「おおいにあてはまる」の7段階評価尺度で測定。
†† 各要因の平均値および標準偏差は、SPSS24によって算出した。
††† 各要因の平均値および標準偏差の計算には、SPSS24によって観測変数の合成変数を用いた。
†††† 各要因の項目間相関の算出にはAmos24を用いた。
††††† 因子間相関はすべて1%水準（$p < .01$）で有意であった。

表4　因子間相関、平均値、標準偏差（標本2：プロサッカー）

要因	平均	標準偏差	因子間相関						
			1	2	3	4	5	6	7
1. 娯楽性	5.72	1.45	—						
2. 中心性	4.65	1.64	.43	—					
3. 記号性	4.35	1.48	.44	.66	—				
4. 連帯性	4.64	1.53	.47	.34	.46	—			
5. 場所への帰属性	4.72	1.52	.58	.73	.71	.46	—		
6. 向社会的行動	4.88	1.42	.54	.63	.72	.51	.72	—	
7. スポンサー態度	4.28	1.73	.38	.57	.62	.43	.64	.61	—

† 各項目は1:「まったくあてはまらない」から7:「おおいにあてはまる」の7段階評価尺度で測定。
†† 各要因の平均値および標準偏差は、SPSS24によって算出した。
††† 各要因の平均値および標準偏差の計算には、SPSS24によって観測変数の合成変数を用いた。
†††† 各要因の項目間相関の算出にはAmos24を用いた。
††††† 因子間相関はすべて1%水準（$p < .01$）で有意であった。

表5　因子間相関、平均値、標準偏差（標本3：プロ野球）

要因	平均	標準偏差	因子間相関						
			1	2	3	4	5	6	7
1. 娯楽性	5.51	1.60	—						
2. 中心性	3.96	1.85	.65	—					
3. 記号性	3.83	1.74	.61	.77	—				
4. 連帯性	4.81	1.51	.59	.56	.59	—			
5. 場所への帰属性	4.21	1.74	.70	.83	.62	.62	—		
6. スポンサー態度	3.75	1.69	.49	.58	.68	.57	.67	—	
7. 行動的ロイヤルティ	4.10	1.68	.69	.75	.75	.57	.77	.62	—

† 各項目は1:「まったくあてはまらない」から7:「おおいにあてはまる」の7段階評価尺度で測定。
†† 各要因の平均値および標準偏差は、SPSS24によって算出した。
††† 各要因の平均値および標準偏差の計算には、SPSS24によって観測変数の合成変数を用いた。
†††† 各要因の項目間相関の算出にはAmos24を用いた。
††††† 因子間相関はすべて1%水準（$p < .01$）で有意であった。

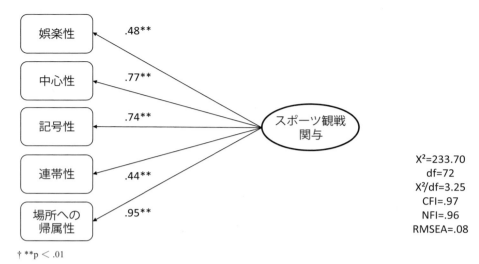

図2 高次因子分析の結果（標本1：プロサッカー）

ポンサー態度と行動的ロイヤルティを設定した。自己表出的要因は、快楽的要因と結果要因の媒介変数として設定しているが、それぞれの結果要因に対して、スポーツ観戦関与を構成するすべての要因からの直接的な影響を認めた。

まず、適合度指数に関して確認をしたところ、標本2では、χ^2/df =2.23（基準値 ≦ 3.00）、CFI=.97（基準値 ≧ .90）、NFI=.95（基準値 ≧ .90）、RMSEA=.064（基準値 ≦ .08）などの指標のすべてを満たした。標本3でも、χ^2/df =2.84（基準値 ≦ 3.00）、CFI=.96（基準値 ≧ .90）、NFI=.94（基準値 ≧ .90）、RMSEA=.078（基準値 ≦ .08）などの指標のすべてを満たした。よって、2つの標本から、仮説モデルがデータに適合することが確認された。次に、要因間のパス係数の分析をおこなった。まずスポーツ観戦関与モデルにおいて、両方の標本間で共通して記号性に有意な影響が認められた要因は中心性（標本2：β = .55, p<.01；標本3：β = .58, p<.01）と連帯性（標本2：β = .24, p<.01；標本3：β = .21, p<.01）であった。また、場所への帰属性に有意な影響が認められた要因は娯楽性（標本2：β = .27, p<.01；標本3：β = .20, p<.01）、中心性（標本2：β = .57, p<.01；標本3：β = .62, p<.01）、連帯性（標本2：β = .16, p<.01；標本3：β = .17, p<.01）であった。これらのことから、仮説 H1b、H1c、H1d、H1e、H1f は支持された（表6）。

スポーツ観戦関与と結果要因の間の関係性について、標本2では向社会的行動とスポンサー態度を結果要因として設定した。標本3ではスポンサー態度と行動的ロイヤルティを設定した。まず、標本2で向社会的行動への正の影響が認められた要因は、娯楽性（β = .13, p<.05）、連帯性（β = .14, p<.01）、記号性（β = .35, p<.01）、場所への帰属性（β = .25, p<.01）であった。スポンサー態度へ正の影響が認められた要因は、連帯性（β = .13, p<.05）、記号性（β = .26, p<.01）、場所への帰属性（β = .34, p<.01）であった。標本3で、行動的ロイヤルティに正の影響が認められた要因は、娯楽性（β = .27, p<.01）、記号性（β = .33, p<.01）、場所への帰属性（β = .26, p<.01）であった。スポンサー態度に正の影響が認められた要因は連帯性（β = .22, p<.01）、記号性（β = .37, p<.01）、場所への帰属性（β = .32, p<.01）であり、標本2と同様の結果であった。これらのことから、仮説 H2a、H2c、H2f、H2g、H3a、H3b、H3c、H3d、H3e、H3f は支持された。一方で、標本3において娯楽性が中心性に対して正の影響が認められ、統計的に有意であったが（β = .12, p<.05）、標本2では統計的に有意な結果が得られなかったため、H1a は部分的に支持された（表6）。

2-2. 間接効果の検証

次に、スポーツ観戦関与と結果要因が示す関係性について、スポンサー態度、行動的ロイヤルティ、向社会的行動などの結果要因を、記号性および場所への帰属性の2要因が娯楽性、中心性、連帯性の3要因を媒介するかMplus version7.31を用い分析を行った。分析にはブートストラップ法を用い、元データから5000回標本の抽出を繰り返すことによって、要因間の直接効果および間接効果の95%信頼区間を算出した（Preacher and Hayes, 2008）。適合度は尺度モデルとほぼ同様の結果であり、すべての基準値を満たした（表7および表8）。

標本2における要因間の間接効果については、スポンサー態度へ与える間接効果として、中心性が記号性を介しスポンサー態度に与える間接効果（H4b）、連帯性が記号性を介してスポンサー態度に与える間接効果（H4c）、娯楽性が場所への帰属性を介しスポンサー態度へ与える間接効果（H4d）、中心性が場所への帰属性を介しスポンサ

表6　仮説の検証：共分散構造分析

影響			標本2 標準化係数		標本3 標準化係数		仮説	
娯楽性	→	記号性	.09		.12	*	H1a	部分的に支持された
中心性	→	記号性	.55	**	.58	**	H1b	支持された
連帯性	→	記号性	.24	**	.21	**	H1c	支持された
娯楽性	→	場所への帰属性	.27	**	.20	**	H1d	支持された
中心性	→	場所への帰属性	.57	**	.62	**	H1e	支持された
連帯性	→	場所への帰属性	.16	**	.17	**	H1f	支持された
娯楽性	→	向社会的行動	.13	*			H2a	支持された
中心性	→	向社会的行動	.12				H2b	支持されなかった
連帯性	→	向社会的行動	.14	**			H2c	支持された
娯楽性	→	スポンサー態度	-.05		-.03		H2d	支持されなかった
中心性	→	スポンサー態度	.13		-.08		H2e	支持されなかった
連帯性	→	スポンサー態度	.13	*	.22	**	H2f	支持された
娯楽性	→	行動的ロイヤルティ			.27	**	H2g	支持された
中心性	→	行動的ロイヤルティ			.03		H2h	支持されなかった
連帯性	→	行動的ロイヤルティ			.05		H2i	支持されなかった
記号性	→	向社会的行動	.35	**			H3a	支持された
場所への帰属性	→	向社会的行動	.25	**			H3b	支持された
記号性	→	スポンサー態度	.26	**	.37	**	H3c	支持された
場所への帰属性	→	スポンサー態度	.34	**	.32	**	H3d	支持された
記号性	→	行動的ロイヤルティ			.33	**	H3e	支持された
場所への帰属性	→	行動的ロイヤルティ			.26	**	H3f	支持された
応援年数	→	向社会的行動	-.03					
応援年数	→	スポンサー態度	-.04		.05			
応援年数	→	行動的ロイヤルティ			.08			
χ^2(df)			421.031	(189)	537.234	(189)		
χ^2/df			2.23		2.84			
CFI			.97		.96			
NFI			.95		.94			
RMSEA			.064		.078			

†*p< .05, **p< .01

表7 仮説の検証:ブートストラップ法による間接効果の推定(標本2:プロサッカー)

仮説	影響					ブートストラップ法による推定値		95% 信頼区間	
						標準化係数	非標準化係数	下限	上限
H4a	娯楽性	→	記号性	→	スポンサー態度	.02	.27	-.01	.09
H4b	中心性	→	記号性	→	スポンサー態度	.15**	.18**	.06	.32
H4c	連帯性	→	記号性	→	スポンサー態度	.07*	.08*	.03	.18
H4d	娯楽性	→	場所への帰属性	→	スポンサー態度	.09*	.11*	.04	.22
H4e	中心性	→	場所への帰属性	→	スポンサー態度	.18**	.23**	.09	.38
H4f	連帯性	→	場所への帰属性	→	スポンサー態度	.06*	.07*	.02	.15
H5a	娯楽性	→	記号性	→	向社会的行動	.03	.03	-.02	.09
H5b	中心性	→	記号性	→	向社会的行動	.19**	.20**	.11	.30
H5c	連帯性	→	記号性	→	向社会的行動	.09**	.09**	.04	.17
H5d	娯楽性	→	場所への帰属性	→	向社会的行動	.07*	.07*	.02	.15
H5e	中心性	→	場所への帰属性	→	向社会的行動	.14**	.14*	.05	.24
H5f	連帯性	→	場所への帰属性	→	向社会的行動	.04	.04	.01	.10
R^2	記号性					.52			
	場所への帰属性					.65			
	スポンサー態度					.49			
	向社会的行動					.64			
適合度	χ^2/df = 2.33;CFI=.97;TLI=.96;RMSEA=.068;SRMR=.057								

† *p<.05, **p<.01

表8 仮説の検証:ブートストラップ法による間接効果の推定(標本3:プロ野球)

仮説	影響					ブートストラップ法による推定値		95% 信頼区間	
						標準化係数	非標準化係数	下限	上限
H4a	娯楽性	→	記号性	→	スポンサー態度	.04	.05	-.007	.13
H4b	中心性	→	記号性	→	スポンサー態度	.20**	.21**	.10	.35
H4c	連帯性	→	記号性	→	スポンサー態度	.10**	.10**	.04	.19
H4d	娯楽性	→	場所への帰属性	→	スポンサー態度	.04	.05	.00	.15
H4e	中心性	→	場所への帰属性	→	スポンサー態度	.15	.15	-.02	.34
H4f	連帯性	→	場所への帰属性	→	スポンサー態度	.04	.05	.001	.14
H6a	娯楽性	→	記号性	→	行動的ロイヤルティ	.05	.07	-.01	.17
H6b	中心性	→	記号性	→	行動的ロイヤルティ	.27**	.27**	.15	.43
H6c	連帯性	→	記号性	→	行動的ロイヤルティ	.13**	.13**	.06	.26
H6d	娯楽性	→	場所への帰属性	→	行動的ロイヤルティ	.03	.04	-.008	.15
H6e	中心性	→	場所への帰属性	→	行動的ロイヤルティ	.13	.13	-.05	.35
H6f	連帯性	→	場所への帰属性	→	行動的ロイヤルティ	.04	.04	-.007	.13
R^2	記号性					.65			
	場所への帰属性					.77			
	スポンサー態度					.49			
	行動的ロイヤルティ					.66			
適合度	χ^2/df = 2.44;CFI=.95;TLI=.94;RMSEA=.079;SRMR=.054								

†*p<.05, **p<.01

一態度へ与える間接効果（H4e）、連帯性が場所への帰属性を介してスポンサー態度へ与える間接効果（H4f）の5つの影響が統計的に有意であった。向社会的行動へ与える間接効果として、中心性が記号性を介し向社会的行動に与える間接効果（H5b）、連帯性が記号性を介して向社会的行動に与える間接効果（H5c）、娯楽性が場所への帰属性を介し向社会的行動へ与える間接効果（H5d）、中心性が場所への帰属性を介し向社会的行動へ与える間接効果（H5e）の4つの影響が統計的に有意であった（表7）。

標本3における要因間の間接効果については、スポンサー態度へ与える間接効果として、中心性が記号性を介しスポンサー態度に与える間接効果（H4b）、連帯性が記号性を介してスポンサー態度に与える間接効果（H4c）の2つの影響が統計的に有意であった。次に、行動的ロイヤルティへ与える間接効果として、中心性が記号性を介し行動的ロイヤルティに与える間接効果（H6b）、連帯性が記号性を介して行動的ロイヤルティに与える間接効果（H6c）の2つの影響が統計的に有意であった（表8）。

考察

本研究の目的は、スポーツ観戦関与尺度の構成概念妥当性の検証を行うことと、スポーツ観戦関与と結果要因が示す関係性を分析することであった。これまでのスポーツ関与尺度は多次元であることが確認されているが、要因間の関係性や階層性には触れられず、さらにはスタジアム観戦者特有の要因についての検討もされてこなかった。これらのことから、本研究ではスポーツ観戦関与を快楽的要因と自己表出的要因に区分し、それらの関係について検討するとともに、自己表出的要因が結果要因との関係を媒介するかについての分析も行った。以下では結果の考察および示唆について記述する。

まず本研究では、新たに設定するファン同士の連帯性や場所（スタジアム）への帰属性などの要因が検証可能な対象として、プロサッカーとプロ野球の3チームを対象とし調査を行った。標本1においては、スポーツ観戦関与尺度の構成概念妥当性に関する分析を行い、尺度の妥当性および信頼性が確認された。これまでスポーツマネジメント領域の関与研究にて用いられてきた要因は、主に娯楽性や中心性、記号性などの要因であったが、そこにスポーツ観戦特有の要因である連帯性や、スタジアム観戦特有の要因である場所への帰属性を加えた5要因の尺度としての構成概念妥当性が確認された。加えて、これまで快楽的価値を示す要因と象徴的価値を示す要因間の階層性について触れられてこなかったが、本研究においてはこれらの階層性に言及し、価値階層の観点から快楽的要因と自己表出的要因の二つの水準に区分し、スポーツ観戦関与の新たな構成的構造を明らかにした。

さらに娯楽性、中心性、連帯性などの自己の楽しみと関心の程度を表す快楽的要因は、心理的連続モデル（psychological continuum model: PCM）の中で、魅力（Attraction）の段階の要因として捉えることができ、一方で記号性や場所への帰属性はスポーツ観戦が個人に果たしている意味や存在など愛着（Attachment）および忠誠（Allegiance）の段階の要因として捉えることが可能である(Funk and James, 2001)。プロスポーツクラブという対象への関与は、何らかの課題達成を契機として喚起される「状況特定的」ではなく、特定の対象（チーム、選手、スタジアム等）に対して示す関与であると捉えられるため、スポーツ観戦関与は「対象特定的」である。次に、「対象特定的関与」は、関与対象と個人の目的・価値との関連が深く、関与対象との関係は永続的であることが明らかにされていることから、スポーツ観戦関与は「永続的関与」と捉えることが可能である（青木，1990；堀田，2013；西原，2013）。また関与が高まると、認知から感情が中心的となり、感情的関与が高まると、基盤となる動機が快楽的な段階から効力的段階に変化していくことが明らかにされている（堀田，2013）。これらのことから本研究で関与尺度を快楽的要因の段階と自己表出的要因に区分している点、結果要因に対していずれの要

因からのパスを許容している点についても論理的に整合性が担保されていると考えられる。

次に、すべての標本間でそれぞれの要因間の関係性について統計的に検討をおこない、因子構造の妥当性が確認された。これらのことから、スタジアム観戦者の特徴を捉えた多次元尺度の開発を行った点において、学術的な貢献を果たすものである。さらに本研究では、スポーツ観戦関与と結果要因との関係性について、自己表出的要因が快楽的要因と結果要因の媒介変数として果たす役割について分析を行った。これまでの研究では、娯楽性や中心性などの快楽的な要因からロイヤルティや行動などに直接的に影響を与えていること認められているため自己表出的要因は完全な媒介変数とせず、快楽的要因から結果要因への影響を認めた。その結果、娯楽性は記号性へ影響を与えておらず、向社会的行動へ直接的に影響を与え、さらに場所への帰属性を媒介して影響を及ぼしていることが確認された。中心性からは結果要因に直接的に影響を及ぼしておらず、記号性や場所への帰属性を媒介して影響を及ぼすことが確認された。一方で連帯性からはスポンサー態度や向社会的行動へ直接的に影響を及ぼし、さらに記号性や場所への帰属性を媒介し結果要因に影響を及ぼしていることが確認された。記号性および場所への帰属性の自己表出的要因からはスポンサー態度、向社会的行動、行動的ロイヤルティなどすべての要因に影響を及ぼしていることが確認された。これらのことから、娯楽性が高まるとスタジアム自体に価値を見出すようになり、チームを助けるような行動をとるようになると考えられる。中心性においては、記号性と場所への帰属性が行動との関係を完全に媒介していることから、関与対象に対して興味および関心の程度が高くなると、チームやスタジアムが自らを象徴する役割を担うことへ強く影響し、利他的な行動へ影響を与えると解釈することができ、社会的アイデンティティ理論を支持する関係性が示された。さらに連帯性が高まると、スポンサーへの態度形成へ影響を与え、チームやスタジアムが自らを象徴する対象として作用すると考えられる。次に関与は時間と共に高まる傾向にあると想定し、応援歴を操作変数として加え検証を行ったが、統計的に有意な影響を与えていないという結果であった。このことは、応援年数が向社会的行動および行動的ロイヤルティへ影響を与えることが明らかにされている（吉田ほか，2017）一方で、スポーツ観戦関与は応援年数に影響を受けず、関与対象と自己の関わりによって形成される価値や自己知識によって高まる（あるいは低くなる）ことが想定される。

研究の限界

本研究では、標本1および2にてプロサッカークラブのデータを用い、標本3としてプロ野球球団のデータを用いた。今後尺度の汎用性やさらなる信頼性を確認するためには、連帯性や場所への帰属性が担保された環境であるか配慮しながら、他の競技や、プロサッカーおよびプロ野球においても複数の球団にて検証する必要がある。次に、標本3の快楽的要因から場所への帰属性を介してスポンサー態度および行動的ロイヤルティへの影響が統計的に有意でなかった。一方で標本2では正の影響を及ぼしていることが示されているため、種目間の相違点であると捉えることも可能であるが、標本3の多くの要因のスコアが、標本2に比べ相対的に低い事に起因する可能性を棄却しきれない。特に行動的ロイヤルティという点で調査時点での成績が良くなかったこと、スポンサー態度では、地元の企業やスポーツ支援産業などのスポーツチームと関連性の高い企業が少ないことが影響している可能性がある。よって、プロ野球の球団に関しては、他の球団でも調査の必要がある。次に連帯性を測定する項目数が2項目と他の要因に比べ少ないため、尺度の妥当性をさらに担保するためにも項目の追加・検討を行う必要がある。さらに本研究では、スタジアム観戦を高関与型の消費と捉え、自我関与との関連性の高い水準の価値のみを基盤とし要因を検討している。また、動機的基盤においても低関与の状態を反映する認知的関与を考慮せず、感情的関与の観点から尺度を検討した。今後は認知的関与を含めるのか、と

いう点に関して、関与の基盤となる動機との関係を検証する必要がある。

【文献】

青木幸弘・新倉貴士・佐々木壮太郎・松下浩司（2012）消費者行動論：マーケティングとブランド構築への応用．有斐閣アルマ：東京．

青木幸弘（1988）関与概念と消費者情報処理（2）：関与概念枠組みと研究課題．商学研究，36（1）：65-91.

青木幸弘（1990）消費者関与概念の尺度化と測定：特に、低関与型尺度開発の問題を中心として．商学研究 38（2）：129-156.

Bagozzi, R.P., and Yi, Y. (1988) On the evaluation of structural equation models. Journal of the Academy of Marketing Science, 16：74-94.

Beaton, A. A., Funk, D. C., and Alexandris, K. (2009). Sport involvement: A conceptual and empirical analysis. Journal of Leisure Research, 41: 177-203.

Beaton, A. A., Funk, D. C., and Alexandris, K. (2011). Operationalizing a theory of participation in physically active leisure. Sport Management Review, 14: 126140.

Deci, E. L., and Ryan, R. M. (19859 Intrinsic motivation and self-determination in human behavior. Springer Science+Business Media: New York, NY, USA.

出口順子・辻洋右・吉田政幸（2018）チーム・アイデンティフィケーション：理論的再検証．スポーツマネジメント研究，印刷中．

Charleston, S. (2009)The English football ground as a representation of home. Journal of Enviromental Psychology, 29: 144-150.

Fornell, C., and Larcker, D.F. (1981) Evaluating structural equation models with unobservable variables and measurement error. Journal of Marketing Research, 18: 39-50.

Funk, D.C., and James, J.D. (2001) The Psychological Continuum Model: A conceptual framework for understanding an individual's psychological connection to sport. Aport Management Review, 4: 119-150.

Funk, D.C., Ridinger, L.L., and Moorman A.M. (2004) Exploring Origins of Involvement: Understanding the Relationship Between Consumer Motives and Involvement with Professional Sport Teams. Leisure Sciences, 26: 35-61.

Funk, D.C., Toohey, K., and Bruun, T. (2007) International Sport Event Participation: Prior Sport Involvement; Destination Image; and Travel Motives. European Sport Management Quarterly, 7(3): 227-248.

Funk, D.C. (2008) Consumer behavior in sport and events: Marketing action. Butterworth-Heineman: Jordan Hill, OX, UK.

Funk, D.C., Filo, K., Beaton, A.A., and Pritchard, M. (2009) Measuring the motives of sport event attendance: Bridging the academic-practitioner divide to understanding behavior. Sport Marketing Quarterly, 18:126-138.

Gutman, J. (1982) A Means – End Chain Model Based on Consumer Categorization Processes. Journal of Marketing, 46：60-72.

Hair, J.F., Black, W., Babin, B., Anderson, R.E., and Tatham, R.L. (2006) Multivariate data analysis (5th ed.). Prentice Hall: Upper Saddle River, NJ, USA.

Havitz, M. E., and Dimanche, F. (1997) Leisure Involvement Revisited: Conceptual Conundrums and Measurement Advances. Journal of Leisure Research, 29(3): 245-278.

Havitz, M. E., and Dimanche, F. (1999) Leisure Involvement Revisited: Drive Properties and Paradoxes. Journal of Leisure Research, 31(2)：122-149.

Hogg, M. A., and Terry, D. J. (2000) Social identity and self-categorization processes in organizational contexts. Academy of Management Review, 25: 121-140.

堀田治（2013）アート消費における精緻化された関与：関与と知識による新たな消費者モデル．法政大学イノベーション・マネジメント研究センターワーキングペーパー，142.

Homburg, C., and Giering, A. (2001)Personal characteristics as moderators of the relationship between customer satisfaction and loyalty: An empirical analysis. Psychology and Marketing, 18: 43-66.

Hu, L.T., and Bentler, P.M. (1999) Cutoff criteria for fit indexes in covariance structure analysis: conventional criteria versus new alternatives. Structural Equation Modeling, 6(1): 1-55.

池尾恭一・青木幸弘・南知恵子・井上哲浩（2010）Marketing: Consumer Behavior and Strategy. 有斐閣アルマ：東京．

Inoue, Y., and Harvard, C.T. (20149 Determinants and Consequences of the Perceived Social Impact of a Sport Event. Journal of Sport Management, 28: 295-310.

井上尊寛・松岡宏高・竹内洋輔・荒井弘和（2016）フィギュアスケート観戦のプロダクト構造：競技的要素に着目して．スポーツマネジメント研究，8：3-15.

Jun, J., Kyle, G.T., Vlachopoulos, S.P., Theodorakis, N.D., Absher, J.D. and Hammitt, W.E. (2012) Reassessing the Structure of Enduring Leisure Involvement. Leisure Sciences, 34: 1-18.

Ko, Y.J., Chang, Y., Jang, W., Sagas, M., and Spengler, J.O. (2017) A Hierarchical Approach for Predicting Sport Consumption Behavior: A Personality and Needs Perspective. Journal of Sport Management, 31: 213-228.

Krugman, H.E. (1965) The Impact of Television Advertising: Learning Without Involvement. Public Opinion Quarterly, 26: 349-356.

Krugman, H. E. (1966) The Measurement of Advertising Involvement. Public Opinion Quarterly, 30: 583-596.

Kunkel, T., Hill, B.A., and Funk, D.C. (2013) Brand Architecture, Drivers of Consumer Involvement, and Brand Loyalty with Professional Sport Leagues and Teams. Journal of Sport Management, 27: 177-192.

Kyle, G. T., Bricker, K. S., Graefe, A. R.,&Wickham, T. D. (2004). An examination of recreationists' relationships with activities and settings. Leisure Sciences, 26: 123-142.

Kyle, G.T., Absher, J.D., Hammitt, W.E., and Cavin, J. (2006) An Examination of the Motivation—Involvement Relationship. Leisure Sciences, 28: 467-485.

Laurent, G., and Kapferer, J. N. (1985) Measuring consumer involvement profiles. Journal of Marketing Research, 22, 41-53.

Lee, T. H. (2011) How recreation involvement, place attachment and conservation commitment affect environmentally responsible behavior. Journal of Tourism, 19(7), 895-915.

Lee, S., Lee, H. J., Seo, W. J., & Green, B. C. (2012). A new approach to stadium experience: The dynamics of the sensoryscape, social interaction, and sense of home. Journal of Sport Management, 26, 490-505.

Lee, S., Heere, B., Chung. K. (2013) Which Senses Matter More? The impact of Our Senses on Team Identity and Team Loyalty. Sport Marketing Quarterly, 22, 203-213.

Mael, F., and Ashforth, B.E. (1992) Alumni and their alma mater: A partial test of the reformulated model of organizational identification. Journal of Organizational Behavior, 13(2): 103-123.

Mael, F.A., and Ashforth, B.E. (2001) Identification in work, war, sports, and religion: Contrasting the benefits and risks. Journal for the Theory of Social Behavior, 31: 197-222.

仲澤眞・吉田政幸・岩村聡（2014）Ｊリーグ観戦者の動機因子：Ｊリーグの導入期における二次的データの検証．スポーツマネジメント研究，6（1）：17－35．

西原彰宏（2013）関与概念の整理と類型化の試み．商学研究，60（4）：305-323．

Podsakoff, P. M., Ahearne, M., and Mackenzie, S.B. (1997) Organizational citizenship behavior and the quantity and quality of work group performance. Journal of Applied Psychology, 82(2): 262-270.

Preacher, K. J., and Hayes, A. F. (2008) Asymptotic and resampling strategies for assessing and comparing indirect effects in multiple mediator models. Behavior Research Methods, 40: 879-891.

坂口俊哉・菊池秀夫（2001）スポーツ活動における関与尺度の開発：日本語版 Involvement Profile の作成と検討．スポーツ産業学研究，11（2）：11-22．

Seiders, K., Voss, G. B., Grewal, D., and Godfrey, A. L. (2005) Do satisfied customers buy more? Examining moderating influences in a retailing context. Journal of Marketing, 69(4): 26-43.

豊田秀樹（2007）共分散構造分析 Amos 編：構造方程式モデリング．東京図書：東京．

Trail, G., and James, J. (2001) The motivation scale for sport consumption: Assessment of the scale's psychometric properties. Journal of Sport Behavior, 24:108-127.

Tajfel, H., and Turner, J.C. (1985) The social identity theory of intergroup behavior. In S. Worchel, W.G.Austin. (Eds), Psychology of Intergroup Relations (2nd ed.) (pp.7-24). Nelson-Hall: Chicago, IL, USA.

和田充夫（2002）ブランド価値共創．同文舘出版：東京．

吉田政幸（2011）スポーツ消費者行動：先行研究の検討．スポーツマネジメント研究，3（1）：5-21．

Yoshida, M., Gordon, B.S., Nakazawa, M, and Biscaia, R. (2014) Conceptualization and measurement of fan engagement: Empirical evidence from a professional sport context. Journal of Sport Management, 28: 399- 417.

吉田政幸・仲澤眞・岡村敬子・吉岡於子（2017）スポーツファンの誇り：プロサッカーとプロ野球における検証．スポーツマネジメント研究，9（1）：3-21．

（2018 年 4 月 12 日　受付）
（2018 年 11 月 2 日　受理）

【原著論文】

プロスポーツクラブのプロダクト特性の検討：
製品間競争に着目して

Examining unique attributes of products provided by professional sport clubs: Focusing on product competition

足立名津美[1]　松岡宏高[2]

1）早稲田大学大学院、2）早稲田大学

Abstract

It is critical for sport management researchers to comprehend the unique aspects of products provided by sport organizations. The present paper, including two studies, attempted to clarify the product attributes of professional sport clubs in consideration of competitive relations with other products. The first study employed literature reviews and conceptual approaches, whereas the second study used quantitative data to examine the attributes empirically. Using the following three perspectives; relationships with products in the same categories, industries to belong, and benefits to provide, the first study identified several product attributes of sport clubs that do not apply to common understanding in privious studies on management. The second study clarified distinctive benefits of spectating games (e.g., excitement and vicarious achievement), which were different from the benefits offered by other leisure activities. It was also found that consumers highly involved in a product (i.e., spectating a game) were likely to obtain various benefits.

Key words: product, professional sport club, competition
キーワード： プロダクト、プロスポーツクラブ、競争

連絡先：松岡宏高
早稲田大学スポーツ科学学術院
〒 202-0021　東京都西東京市東伏見 3-4-1

Address Correspondence to: Hirotaka MATSUOKA
Waseda University
Waseda University 3-4-1 Higashifushimi, Nishitokyo, Tokyo 202-0021, Japan
Email: matsuoka-hiro@waseda.jp

はじめに

　スポーツマネジメントは、スポーツ組織現象を対象とした応用科学であり、特殊経営学として位置付けられる。その研究領域において、特殊性や固有性を解明し把握することは、重要な学問的課題である（武藤，2008；清水，1994；清水，2009）。スポーツマネジメントを、個別学問領域として確立させるための論拠として、その特殊性や固有性を整理し示すことは必要不可欠である。それが示されなければ、スポーツマネジメント研究は、あくまで親学問の一対象としてスポーツを研究するという立ち位置に終始してしまう。他方で、スポーツマネジメントの固有の事象のみに固執しすぎることは、この学問の発展の妨げになりかねない。なぜなら、一般経営学を始めとする他領域で精査され、蓄積されている知識の集合を取り入れるという営みは、スポーツマネジメント領域における漸進的な知の進歩や学術領域の発展に寄与するからである（Cunningham, 2013; Doherty, 2013；松岡，2010；清水，1994）。しかしながら、一般的な企業や組織を観察事象として構築された概念や理論をそのまま援用することは、特殊性を持つスポーツマネジメントにおける事象と理論的結論の間に乖離をもたらす可能性がある。そのため、他領域における概念や理論を補完、拡張し、適用させていく行為が必要であり、スポーツマネジメントにおける特性を解明することは、既存の概念や理論をスポーツというコンテクストにあてはめる際の重要な手掛かりとなると言えよう（Chelladurai, 2013; Doherty, 2013; Fink, 2013; Smith and Stewart, 2010）。同時に、経営理論は、実際の経営現象が複雑かつ多面的であるために、多様な理論や学派が存立している（加藤，1999；Koontz, 1961；ミンツバーグほか，1999）。したがって理論援用の都度に、理論とスポーツ組織の持つ特殊性との親和性について慎重な検討が必要となる。今後の研究の蓄積を促すという観点からも、理論適用の対象であるスポーツマネジメントの特性や固有性が解明され、共通認識とされることが求められている。

　そうであるならば、スポーツマネジメント研究領域における主要な対象の一つである「みる」スポーツを生産する中核組織たるプロスポーツクラブを対象とした際、どのような理論的見地からのアプローチや、そのためのどのような観点からの特殊性の解明が必要であろうか。一般経営学においては、企業や組織の持続的な事業継続に必要な、組織のあり方を決定づけていく戦略論的アプローチや、他組織との関係性の中に組織の方向性を見出す組織間関係論的アプローチが重要性であると言われている（青島・加藤，2012；山倉，1993）。プロスポーツクラブが対象となる研究においても、このような経営理論の導入が不可欠であるが、その蓄積は極めて限定的である（大野，2011）。

　プロスポーツクラブの特性を解明する際の切り口としては、そこで生産される「プロダクト」の側面に着目する必要があると考えられる (Chelladurai, 1994; Mullin and Sutton, 2007; Shank, 2009)。経営組織において、どのようなプロダクトを提供し市場に存在しているかという問いは、組織の本質的な理解につながる重要な学術的かつ実践的な課題の一つである。加えて、プロスポーツクラブは、経営組織であると同時に、「スポーツ組織」という、スポーツマネジメントにおける肝要な概念の対象である。スポーツ組織がどのようなものであるかについては、多くの研究者によってその定義や範囲、およびその特殊性が論じられている（清水，2009；Slack and Parent, 2006；武隈，1995；山下，2000）。長積（2011）は、先行する議論を取りまとめ、スポーツ組織が、「サービス財としての『スポーツプロダクト』や、またその生成と提供のプロセスによって特徴づけられる(p.39)」としている。スポーツ組織としてのプロスポーツクラブにおける特殊性のへの切り口としては、組織的な側面からの検討などもその必要が認められるが、プロダクトという生産物が、スポーツ組織の特性を生み出し、ある意味で規定する要因である点に鑑みると、まずはプロダクトの側面より、その特殊性を把握する必要があると考えられる。

まず、スポーツのプロダクトは、Cowell（1980）が指摘する不可視性、不可分性、異質性、消滅性といったサービス財の特性を持つ。スポーツマネジメントにおいては、プロダクトの予測不能性によって生み出されるエンターテインメント性やドラマ性といった特殊なベネフィットを持つことや、それらは偶発性が強く、経営者がコアプロダクトの質を直接マネジメントできない不確実性が指摘されている（松岡、2010；Mullin et al., 2007; Shank, 2009）。加えて、強い心理的結びつきによる熱狂性や、感動や興奮といった強い心理的反応を生み出す感情性も指摘され、プロスポーツにおける固有の特徴としての知見が蓄積されている（Chelladurai, 1994; James and Ross, 2004; 押見・原田、2013；Trail et al., 2003; 吉田、2011）。

その一方で、スポーツマネジメント研究、とりわけプロスポーツクラブを対象とした研究においては、他の組織およびプロダクトとの競争を考慮した十分な論考がなされていない。企業をはじめ、あらゆる組織は単独では存在し得ない。そのため、競争は、他組織との関係を科学する研究分野の、ほぼすべてに共通する現象である。経営研究における競争概念は、外部環境や組織成員などの相互作用をどのように捉えるか、その競争観についての議論を産み出し、新たな理論や視覚の構築に寄与する根源的な概念であるため、追加の議論が求められる。

プロスポーツクラブのプロダクトについて、競争概念を含めた議論がこれまでほとんど行われていないことに鑑みると、そもそもの、誰と（何と）競争するかという、その対象についての特性を考察する必要があると考えられる。一般経営学における主要な競争対象は、原則的には業界内の他社（プロダクト）として暗黙の了解がなされているが、この主たる競争対象の集まりとされる業界についての定義は、「通常、製造された製品間に高度な代替可能性が見られる同種の製品の競合関係にある企業の集まり（徳永ほか、1989、p180）」や、「互いに代替可能な（代替性の高い）製品を作っている会社の集団」とされている（コトラー、2008；ポーター、1995）。つまり、「同一（種）の製品」、「業界内の製品」、そして「便益的代替が可能な製品」が等しく言い換えられ、競争を想定する際の鍵となっている。この前提とされる3つの観点それぞれについて、プロスポーツクラブのプロダクトにおける製品間の競争の状況がどのようなものかを考察することが、製品間競争を考慮したプロスポーツクラブのプロダクトの特殊性を検討する際に必要であると考えられる。加えて、プロスポーツクラブは、消費者に対してプロダクトを通して多様な便益を提供している。組織を捉える際には、主要なベネフィットの受給者グループに着目することの必要性が指摘されているが（Chelladurai, 2013）、製品間の競争の観点を内包したプロダクト特性を理解する際にも、提供される便益に着目し、消費者の認識的側面からの実証的な検討が必要であると考えられる。

しかしながら、プロスポーツクラブのプロダクトの特性について競争および競合プロダクトの観点を含む検討は極めて少なく、さらに消費者の観点を含め実証的に検討したものはほとんど見られず、限定的な理解にとどまっていると考えられる。

研究の目的と枠組み

そこで本稿では、プロスポーツクラブのプロダクト特性、とりわけ他の組織及びプロダクトとの間で顧客を取り合うという意味での競争の観点を内包したプロダクト特性について明らかにすることを目的とする。この複雑かつ多面的な事象を多角的に捉えるために、2つの異なるアプローチによって検討を行う。

まず、検討1ではプロスポーツクラブのプロダクト特性について、スポーツマネジメント領域における学術研究及び教科書的文献、二次的資料などにおける記述を整理し、適宜観察事実にも鑑みることで、プロダクト特性を明らかにすることを目的とする。さらに、本検討より得られた結果が持つインプリケーションとして、抽出した特殊性に鑑みて経営理論を援用する際の課題についても言及を試みる。具体的な検討の項目としては、「同一プロダクト間での競争関係における特性」、「プ

ロスポーツクラブの属する産業とその特性」、「代替製品：提供便益の特性」について検討を行う。まず、一般的に競争を議論する際に最も注視される「同一（同種）のプロダクト」について、プロスポーツクラブにおける競争の状況を整理し検討する。次に、競争を議論する上で、その範囲となる「産業」の区分について、検討を行う。その上で、検討した競争範囲内における「提供便益」の特性について検討する。これら一連の議論と導出された結論をもとに、競争の観点を含んだプロスポーツクラブのプロダクトの特殊性を描き出す。さらに、導出された特殊性をもとに、理論の根底に「競争」や「競合」を持つ既存理論を援用する際に課題となる点について検討をおこなう。

次に、検討2では、実証的に消費者の認識を明らかにするとともに、検討1で導出した特性を含めた考察を行い、消費者の便益への認識をもとにプロダクト特性を導出することを目的とする。プロダクトが提供する便益の位置付けや、特徴を知るために、本検討では、2つの観点から分析と考察を行う。1つ目は、分解した個別の便益（以下「個別便益」と略す）の観点である。提供しているとされる多様な便益のうち、どのような便益が、認識され、プロダクトを特徴づけているかを明らかにする。2つ目は、得られる便益としての全体（以下「全体便益」と略す）の観点である。多様な便益ではあるが、プロダクトとして消費者に提供される際には、複数の便益が組み合わさって「プロスポーツから得られる便益」として提供される。この全体便益について、プロダクト間の比較を通した特徴を抽出するために、全体便益がどの程度類似していると認識されているかについて分析と考察を行う。本分析に際しては、プロスポーツが提供するプロダクトへの消費者の関与の程度を変数に加えた。関与は消費者の心理や行動を説明する重要な要因である（青木ほか，2012；井上，2015；押見・原田，2013；Yoshida and James, 2010）。そのため、プロダクトの便益への認識についても関与の程度によって差がみられると考えられる。なお、検討2においては、日本プロサッカーリーグ（以下「Jリーグ」と略す）のクラブ（以下「Jクラブ」と略す）のプロダクトを具体的事例としてサンプルの抽出及び質問項目の設定を行った。Jクラブに着目した理由としては、日本におけるプロスポーツリーグの中でも、プロ野球に続き規模が大きく安定している点および、開幕当初より地域密着を掲げており、企業スポーツとしての発展という歴史的背景をもたない点を考慮した。また、設問の際の試合数や試合規模を統一するため、Jリーグのトップリーグである J1 のクラブに限定した。

なお、本稿におけるプロスポーツクラブのプロダクトは、プロスポーツクラブが提供している試合観戦のコアプロダクトである試合そのものとし（Greenwell et al., 2002; Mullin et al., 2007; Yoshida and James, 2010）、そのプロダクトの提供方法については直接観戦を想定する。そのため、興行以外の事業や、スポンサードを含むその他権利に関するプロダクトについては、検討対象に含んでいない。併せて、本稿では、スポーツ経営学をスポーツマネジメントと同義の概念として用いている。

検討1

1. 目的

検討1では、プロスポーツクラブのプロダクト特性について、「同一プロダクト間での競争関係における特性」、「プロスポーツクラブの属する産業とその特性」、「代替製品：提供便益の特性」の3つの論点を対象に、学術研究及び教科書的文献、二次的資料などにおける記述を整理し、適宜観察事実にも鑑みた論考を行うことにより、プロダクト特性を明らかにすることを目的とする。

2. 論考の結果

1) 同一プロダクト間での競争関係における特性
一般的なプロダクトにおいて最も注視するべきとされている競合対象は、同一のプロダクトである。業界を超えた競争や、より広い競争相手を想定することの必要性も論じられているが、前提としては、同一の製品や製造する組織が最も注視さ

れるべきという理解がなされていると言えよう（青島・加藤，2012；コトラー・ケラー，2008；Sammon, 1986）。例えば、自動車の完成車メーカーであれば、同じ「自動車」という製品を製造している他の企業が最も注視されるであろう。なぜなら、顧客を取り合うという意味で、最も経営的な競争関係を持つ対象であると意識されるからである。この観点からプロスポーツクラブ観戦における同一のプロダクトを考えると、他のプロスポーツクラブの試合が当てはまる。例えば、Jクラブの試合観戦の同一プロダクトは、同じサッカーという競技の試合観戦を提供している他のJクラブの試合観戦というプロダクトであるが、あるJクラブにおいて、他のJクラブが顧客を取り合う対象とされているかを検討すると、同一プロダクトとの経営的な競争は、希薄であると言える。この検討の結果は以下の論理より導かれる。

プロスポーツクラブは、「相手チーム」がいないと試合ができない。つまり、単独の組織ではプロダクトを生み出せず、同一プロダクトの生産を目的とした、互いに独立し対等な他組織との共同生産によってプロダクトが生産されるという生産プロセスの特徴を持つ（広瀬，2009；ピコーら，2007）。この点より、プロスポーツクラブが、同一のプロダクトを生産する他クラブに対して、競争相手として敵対的な行動をとらないことの合理性が説明される。

この組織の行動原理を背景として、プロスポーツクラブの興行という生産活動を制度化しているリーグ機構においては、できるだけマーケットが重ならないような制度が構築されていることが多い。例えば、Jリーグが導入しているホームタウン制度は、クラブを地域に密着させ、地域貢献の意識付けをするという意味に加え、共同生産が必要な組織同士が「潰し合い」を行わないよう、地理的なマーケットが重ならないよう制約する制度ともなっている。以上の、組織の生産における根源的な行動原理と、その行動原理の下での合理的な制度が構築されていることにより、プロスポーツクラブにおける他のプロスポーツクラブとの経営的競争が、一般的な製造業などに比べて希薄であるという検討結果が導き出される。

もちろん、競技上は競争相手であり、競技の成績によって賞金という経営収入が増加する。また、成績によって入場料収入などの営業収入が増加するという指摘もある（福原・原田，2014）。そして、勝利するチームを作るために、相手となるクラブよりも多くの収入を得る必要があり、経営資源を取り合う間接的競争があることも事実である。また、もっと端的に、同時刻のテレビやインターネットでの放映がされている場合には、地理的制約を超えて、人々の余暇時間を取り合うという競争も確かに存在する。さらに、隣接する地域内におけるチームスイッチングに関する研究も少ないとはいえ行われている（Harada and Matsuoka, 1999）。また、クラブの入退出が可能な開放的なリーグであれば、同地域に複数のクラブが存在することは制度上可能であり、実際に確認できるものは多くないとはいえ、直接的な競争が起こる可能性もある。さらに、同じ競技に議論を絞らないとすれば、同じもしくは隣接地域の観戦者は時間や金銭の使途の選択を迫られるため、競争が存在していると捉えることができる。

このような点を考慮し、アクセスや商圏といった地理的状況と、競技種目すなわちプロダクトの同一性の2軸よる競争の状況を整理すると、表1のように分類ができる。その一方で、本稿での重要な論点は、プロスポーツクラブの特徴を導出することである。全く競争関係がない訳ではない点には留意しつつも、顧客を取り合うという直接的な意味での競争が制度的にある程度制約され、また実際の現場における観察事実にも鑑みると、一般的な製造業に比べて、競争の相手というよりも協働の意識が強いと考えられる点を指摘することは極めて重要である。

以上のことから、一般的に最も競争意識が持たれるべき同一プロダクトに対して、競争の関係が相対的に希薄である点は、プロスポーツクラブのプロダクトの特徴的な性質の1つとして挙げられる。

2）プロスポーツクラブの属する産業とその特性

表1　プロスポーツクラブにおける同種プロダクト間の競争状況

			アクセス・商圏 (地理的状況)		
			重なる (同地域・隣接地域)		重ならない (異なる地域)
製品同一性 (競技種目)	同一種目	「直接的競争」：あり	直接観戦者	「直接的競争」：なし	(メディア観戦者などはあり)
		「間接的競争」：あり	経営資源 (選手・スポンサー企業・施設など)	「間接的競争」：あり	経営資源 (選手・スポンサー企業など)
	異種目	「直接的競争」：あり	直接観戦者 (ただし、共存可能性も高い)	「直接的競争」：なし	(メディア観戦者などはあり)
		「間接的競争」：あり	経営資源 (選手・スポンサー企業・施設など)	「間接的競争」：あり	経営資源 (選手・スポンサー企業など)

・「直接的競争」：顧客(本稿では、直接観戦者)を取り合う
・「間接的競争」：経営資源(選手・スポンサー・施設など)を取り合う

　プロスポーツクラブのプロダクトについて、取り巻く他組織との競争関係を含めて考える際には、まず、どのような産業に属していると想定すべきかを検討する必要があるだろう。スポーツマネジメントの研究領域においては、その対象である「スポーツ産業」の領域や構造について多くの議論がなされ、その知見が蓄積されている。多様な産業モデルが提示されているが、これら産業モデルにおいては、スポーツに関わる異種ビジネスが混在している（Chelladurai, 2001; 原田, 1995；Li et al., 2001; Parks et al., 2007; Pitts and Stotlar, 2007; 八代・中村, 2002）。すなわち、複合産業としての産業モデルが提示されてきたと言える。

　スポーツに関わる組織や企業の集合体としての広い意味の産業定義について、学術領域の対象を示す重要性を認める一方で、顧客を取り合うという意味の競争に着目した理解が必要な場合には、本来の「産業」および「業界」の定義に立ち戻ることを提案したい。これは、ポーター（1995）およびコトラー（2008）が定義した「互いに代替可能な（代替性の高い）製品を作っている会社の集団」を指す。なぜなら、松岡（2010）が指摘するように、先行研究において提示されてきた複合産業としての産業定義では、代替可能性が極めて低い製品が混在し、消費者の特定が難しいためである。そのため、製品間の代替可能性や競争関係が認められる組織・企業の集まりと捉えることが可能な産業分類として、「余暇産業」を、プロスポーツクラブの属する産業区分として採用することが適切であると考えられる。余暇産業とは、余暇活動を提供する企業や組織群であり、カラオケや外食といった娯楽から、観光や行楽、そしてスポーツまで多様な活動を含むその市場規模は2016年時点で、70兆円を超えている（社会経済生産性本部, 2017）。余暇を時間的概念から捉える「仕事や睡眠・家事などの生活に必要な時間を除いた、自由に使える時間」と定義し（小澤, 2013）、その時間に行う活動を余暇活動とすることとする。この余暇活動をプロダクトとして直接提供する企業や組織群を余暇産業と捉え、議論の対象とする。

　ここで、「プロスポーツ産業」と捉えることを非としたのは、プロスポーツ産業は、同種の製品かつ、（同じ製品を提供していることからくる）提供される製品間の代替可能性の高いプロダクトを提供する産業として捉えられる一方で、代替可能性を持ち競争関係にある企業や組織の集合体としては含まれない組織や企業が多く、競争を加味するには、狭すぎる理解となってしまうからである。

　次に、射程とする産業を余暇産業としたうえで、産業内で提供されているプロダクトそのものや、生産と提供の方法に目を向ける。まず、余暇産業に属するプロダクトは、余暇時間や自由裁量所得を使って消費されるプロダクトであるが、ある特定のプロダクトが余暇時間や自由裁量所得を独占することは現実的でない。なぜなら、消費者によ

って程度は異なるとはいえ、その余暇時間には単一ではない多様な活動を行っており、興味や趣味とされる活動を複数持つことが可能であり、観察事実として、一人の人間が複数の余暇活動を行っていることも確認することができる（NHK放送文化研究所，2016；社会生産性本部，2017）からである。この状況を競争の文脈にあてはめると、余暇産業におけるプロダクトは、時間的、金銭的、あるいは価値対象の側面からある程度の競争性と独占性を認めつつも、一方で、そのプロダクトを選択すればそれ以外のプロダクトが選択されることが一切ない訳ではなく、ある1つの余暇活動が完全な排他性を持つとは言えないことがわかる。すなわち、余暇産業内におけるプロダクトは、競争しつつも一方では共存可能性を持つプロダクト群であることが導出される。

以上のことから、プロスポーツクラブのプロダクトについて、競争概念を含めて論考するためには、余暇産業をプロスポーツクラブのプロダクトが位置する産業の範囲として捉えることが妥当であり、かつ、産業内での生産や提供の方法については、同一性が高くない点が指摘される。これら考察からは、余暇産業内のプロダクトの特性として、ある程度の、代替可能性と競合性を持つ便益を提供する一方で、その便益を生み出す方法やプロセスが異なること、それにより優位性の源泉の模倣困難性が極めて高いことが導出される。

3) 代替製品：提供便益の特性

次に、代替製品すなわちその製品の代替となり得る製品について検討を行うため、本項では、代替の要因となる提供される便益に着目し検討を行う。余暇産業内におけるプロダクトの提供する便益に目を向けると、多様な便益が組み合わさり、プロダクトとして提供されるという特性を持つ。これまで指摘されてきた不可視性、不可分性、異質性、消滅性などのサービス財としての特性とも相まって（Cowell, 1980）、そのプロダクトが「何を提供しているか」という便益への理解は、消費者の認識面へのアプローチが必要であり、競争するプロダクトとの競争の程度や対象、ポジショニ

ングの把握を困難にしていると言える。もちろん、これは一般的な産業においても共通することではあるが、そのプロダクトの提供する中心的な便益において多様性の幅が極めて広いという点が、プロスポーツクラブも含む余暇産業のプロダクト特性として指摘されるべきであろう。清涼飲料水というプロダクトを例に挙げると、確かにA飲料とB飲料から提供される便益は全く同じとは言えない。しかしながら、中心的な便益は「喉の渇きを潤すこと」であり、コアな便益は共通し、その幅は広くない。一方、プロスポーツクラブで提供されるコアな便益は何であろうか。この便益については、プロダクトの提供する価値についての考察をはじめ、「プロダクトがどのような構造を持つか」という議論や、「なぜスポーツ（の試合）を見るのか」という問いに答える観戦動機研究を中心にその知見が蓄積されているが、その解はどの見解においても、単一のものとはされておらず、その多様性が記述されている（Chelladurai, 1994; Funk et al., 2002；松岡ほか，2014；Trail and James, 2001; Wann, 1995）。

加えて、プロスポーツクラブにおける「消費者」は、ひとくくりにできるものではないことにも留意が必要である。様々な要因が消費者の行動に影響を与えている（松岡，2008；Mullin et al., 2007）。多様性を持つプロスポーツクラブの便益のうち、どのような便益を得られると認識しているかについても、消費者によって異なることが考えられる。このような点を考慮した便益および競合の把握が求められることは、プロスポーツクラブの特性の1つとして位置付けられる。

3. 検討1のまとめ

検討の結果、プロスポーツクラブのプロダクトの複雑性と、プロダクトの持つ特殊性が導出された（表2）。まず、同一のプロダクト間での競争についての論考の結果、共同生産が必要不可欠である生産プロセスの再確認と、それによって組織間の構造が規定された結果、一般的に最も競争意識が持たれるべき同一プロダクトに対して、競争の関係が相対的に希薄であることがわかった。

次に、プロダクトの属する「産業」に目を向けることによって、競争を包摂した議論を行う際に、「余暇産業」をプロスポーツクラブの属する産業区分として採用することの妥当性が示された。また、同一（種）製品という狭義の産業定義では、消費者の余暇時間を取り合うという競争が想定される相手を十分に含めることはできないことが指摘された。他方で、競争がある程度想定できる他組織を含む産業を採用すると、同一でない異なるプロダクトが含まれることがわかった。これら、余暇産業内におけるプロダクトや生産過程などが異なる点より、優位性の源泉の模倣困難性が極めて高いことが考察された。次いで、プロスポーツクラブにおけるプロダクトの提供する便益、とりわけ中核をなす便益における多様性が指摘され、産業内の他組織との具体的な関係を特定することの難しさが浮き彫りとなった。

これらの検討結果を相互補完的に用いて追加考察を行うと、まず、産業や提供便益における結果より、プロスポーツクラブのプロダクトが、「同種のプロダクトの集合が産業であり、同種であることが代替可能性をもたらし、かつ競争が想定される」という、既存のプロダトに対する暗黙の了解に当てはまらないということが明らかとなる。さらに、消費者によって、享受している便益についての認識が異なることが考えられ、このような点を考慮した便益や競合の把握が必要な点についても、特性として指摘されるべきであろう。

本検討における一連の論考により導出された結果として、競合の度合いを示すベクトルや競争の想定すべき範囲が、一般的な経営組織のプロダクトが想定するものと異なる点を強調したい。プロスポーツクラブのプロダクトは、経営学が古典的に原則とする「製品レベルが近いプロダクトほど競争関係が強く、遠くなるほど弱くなる」という競争強度のベクトルとは、異なることが示唆されている。換言すれば、これまでの想定と逆行する競争や協調の関係が合理性を持つ可能性が示されているということであり、プロスポーツクラブのプロダクトの持つ重要な特殊性の1つとしてあげられる。

4. 検討1をもとにした既存理論の援用課題

検討1をもとに、競争や競合、競争優位性などの概念を持つ理論をプロスポーツクラブに援用する際の課題の抽出を試みる。本検討においては、他組織との関係性を視野に含む組織間関係や戦略に関する理論が主な対象となる。ただし本稿における課題は、プロスポーツクラブのプロダクト特性を導出することであり、本節での目的は、これら特性が波及させる影響についての理解を深めることである。そのため、全体としての考察を行うにとどめ、理論それぞれについての詳細な援用課題の検討は行わないこととした。

本稿の検討からは、競争の解釈がどのような範囲となっているかによって、当該理論の援用が検

表2　検討1から導出されたプロダクト特性

同一プロダクト	属する産業	提供便益
●一般経営学が想定するプロダクトに対する暗黙の了解に当てはまらない		
・生産過程：共同生産が必要 ・同一プロダクトへの競争関係：相対的に希薄	・産業区分：「余暇産業」が妥当 ・産業内でのプロダクトの同一性：高くない ・便益を生み出す方法・プロセス：異なる （＝優位性の源泉の模倣困難性が高い） ・産業内での競争と協調：共存可能性を持つ	・提供便益： 多様な便益の組合せがプロダクトとなる ・多様性の対象：プロダクトの提供する中心的な便益において多様性の幅が極めて広い ・消費者によって異なった認識を持つことが考えられる（このような点を考慮した便益および競合の把握が求められる）
●一般経営学が古典的に原則とする競争強度のベクトルとは、異なることが示唆 ●これまでの想定と逆行する競争や協調の関係が合理性を持つ可能性		

討されるべきであることが示されている。同じ単語として「競争」や「競争優位」という単語を使う理論であっても、その操作定義は異なっている。

経営理論、とりわけ競争やその優位、源泉をめぐる理論やフレームワークの援用を検討する際には、「誰に対しての優位を想定しているか」というその既存理論の想定する競争の概念の意味が検討されるべきである。なぜなら、戦略論や組織間関係論を始めとする経営学の諸理論は異なるパースペクティブを源流とする理論の集合であり（加藤，1999；Koontz，1961；ミンツバーグほか，1999）、理論間での検討も進んでいるとはいえ、同じ単語として記述されている競争概念の持つ意味内容が異なることが考えられるためである。その概念的意味を探るには、理論のパースペクティブにおける「他組織への認識」が重要な切り口となる。そのうえで、フレームワークを検討する必要があり、「競合」の相手として想定している範囲である業界におけるプロダクトの同一性や代替性についての認識や、競争や協調の対象とされる組織やプロダクトについてのベクトルが重要な切り口となる。また、理論の源流となるパースペクティブにおいて、当該企業を取り巻く他社との関係性を競争関係と捉えている場合には、理論自体をあてはめることはできても、操作定義にしたがったインプリケーションを出す際に、プロスポーツクラブにおける現実の事象と乖離もしくは矛盾する可能性がある。同時に、フレームワークにおいても、それらの解釈する競合の範囲や対象が同一プロダクトを生産する業種内にとどまっていると判断される場合には、そのままの援用や適用がためらわれるべきである。

具体的な経営諸理論の援用や適用に焦点化すると、この問題がより明確になる。例えば、Porter（1980）に端を発する戦略論のポジショニング・アプローチやフレームワークがスポーツマネジメントの教科書的文献においても多く取り上げられているが（Chelladurai, 2001; 菊池，2006；中西，2005；冨山，2008）、このパースペクティブにおいて、同一製品を生産する企業間での「協調的な企業間関係」は視野に入っていないため、そのま

まの援用は適切ではない。他方で、「同業他社＝競合」と認識しない理論的発展も見られている。例えば、Brandenburger and Nalebuff（1996）が提唱した"co-opetition"などはその一つとして挙げられる。また、単純な「同業の集合体＝業界」という組織の活動範囲の理解を超えて事業領域を求めようとするドメインについても研究者の関心が寄せられている（エーベル，1984；Drucker, 1964; Levitt, 1975; 榊原，1992）。このような理論や枠組みは、プロスポーツクラブの競合認識に親和性が高い可能性があり、相互補完的に用いることの有用性が考えられる。ただし、依然として経営理論においては、競争の範囲や対象は自明のものとされていることが多く、競争の持つ意味についても明示的に記述されていない可能性が高い。そのため、注意深い検討が必要である。

最後に強調したいのは、本検討は、一般経営理論とその知の蓄積について言及するものではなく、同時に理論それ自体や、その援用の有用性を否定するものでもないという点である。繰り返しになるが、援用する際において、その理論やフレームワークの源流となるパースペクティブが想定している「競争」の関係についての、範囲や対象についての解釈が、プロスポーツクラブの特性である業種内での協働と、理論的に矛盾しないかどうかという点を検討し調整したうえで援用することが、プロスポーツマネジメント領域において極めて重要である点が本検討の結果より得られたインプリケーションである。

検討2

1. 目的

検討2では、消費者の認識しているJクラブの提供するプロダクトの便益について実証的に明らかにするとともに、検討1で導出した特性を含めた考察を行い、便益的側面をもとにプロスポーツクラブのプロダクト特性を実証的に導出することを目的とする。検討の際には、分解した個別の便益（個別便益）と、得られる便益としての全体（全体便益）の2つの観点より、分析と考察を行う。

2. 方法
1) 検討および分析の方法

　Jクラブの直接観戦とその他余暇活動間における、個別便益の代替性および、全体便益の類似性への認識について、消費者よりデータ収集を行った。まず、①各種余暇活動によって認識されている個別便益にどのような傾向があるか、Jクラブの直接観戦とどのように異なるかについて検討を行った。データ収集の際に用いた設問文は以下の通りである。なお、括弧内は補足のために加筆している。

　「あなたの過去の経験にもとづいて、以下の各項目（個別便益についての15項目）について、得ることができると思う余暇活動を全て選択してください」

　この設問に対して、2件法で回答を求め、コレスポンデンス分析を用いた分析を行った。

　次に、②Jクラブの観戦活動から得られる便益を、その他余暇活動から得られる便益とどの程度類似していると認識しているか、さらにその認識がJクラブへの関与段階によってどのように異なるかを検討した。まず、Funk and McDonald（2008）の提唱した心理的愛着段階に分類するPsychological Continuum Model（以下「PCM」と略す）を用いてサンプルを4群に分類した。設問文は以下の通りである。なお、括弧内は補足のために加筆している。

　「以下の活動（余暇活動18種を提示）で得られるものは〇〇（観戦をした経験があると回答されたJクラブのチーム名）の試合会場での観戦で得られるものと、全体的にどの程度似ていると思いますか？」

　この問いについて、「7：非常に似ている－1：全く似ていない」の7段階のリッカート尺度で測定し、一要因分散分析で分析を行った。

　これら①および②で得られた結果に対して、検討1で導出された特性を含めて考察することで、消費者の心理的側面を含めたプロダクト特性の導出を試みた。

2) データ収集

　データの収集は、インターネットを使用したモニター調査を行った。本稿では、Jリーグの試合観戦を中心とし、かつ他の余暇活動を含めたベネフィットへの認識について回答を求めるため、「過去1年以内に、2016シーズンにJ1リーグに所属するクラブのリーグ戦公式試合をスタジアムで1度以上観戦したことのある者」、および「3時間以上のまとまった余暇時間が、月に1日以上ある者」をスクリーニング項目とした。過去1年以内に観戦経験のない人々は潜在市場として重要な市場である。しかしながら、その経験のなさから観戦における便益について適切に回答することが困難であると考えられるため、本検討の調査対象から除外した。スクリーニング項目に加え、観戦回数および関与による比較分析を行うため、観戦回数によるサンプルの割り付けを指定した（「1回から4回未満の者（258名）」、「4回以上の者（258名）」）。これらを満たす2016シーズンにJ1リーグに所属するチームのホームタウンのある都府県に在住する18歳以上69歳以下の男女516名からデータを収集した。調査日程は2016年11月4日（金）から2016年11月7日（月）とした。なお、2016年のJ1リーグ2ndステージは11月3日に最終節を終えており、Jリーグチャンピオンシップ（11月23日、11月29日）までの期間での調査となっている。

　回収した516サンプルのうち、データクリーニングを行い、データとして不適当な158サンプルを除いた358サンプルを有効回答とした（69.4％）。分析に際しては、本稿で設定したJクラブの観戦を含む18種の余暇活動すべてを経験したことがあると回答した249サンプル（48.3％）を対象とした。なお、データクリーニングの基準は、「フリーアンサーの記述が日本語となっていない・同じ単語の繰り返しといった回答がされていないか」、「スクリーニングに用いた2項目を本調査でも質問し、満たしているか」および、「事前のスクリーニング調査で回答された観戦回数と本調査での観戦回数が大幅に異ならないか」とし、分析に用いるデータとして適しているかどうかについての判断を行った。

対象者の人口動態的特性および行動的特性を含む個人的属性は表3に示すとおりである。回答者の63.9％が男性であり、年齢については40代が最も多く34.5％であった。婚姻および子どもの有無については、ほぼ半数ずつであった。3時間以上のまとまった余暇時間が取れる日数は、月に8日以上取れる者が43.4％で最も多く、次いで月に5日から7日取れる者が多くなった（28.1％）。応援しているJクラブの有無については、応援している者が86.3％を占めた。過去1年間の直接観戦経験は、1回の者が28.1％であり、次いで、4回から6回までの者が25.7％であった。

3) 尺度

調査項目については、余暇活動で得られる個別便益、Jクラブの直接観戦への心理的関与段階の測定尺度について、先行研究を援用して設定した。

①余暇活動項目

本節の分析対象であるJクラブの試合会場での観戦と比較する余暇活動として17種の余暇活動を設定した（表4）。まず、本稿の中心的テーマであるスポーツ観戦については、より細分化した4項目を設定した。あらゆる種目すべてを調査項目に含めることは、調査の実施を極めて難しくすることが容易に想像できる。そこで、Haywood and Bramham（1995）の示したレジャー活動の6分類より、スポーツ観戦と同様に「経験（experience）」を伴う活動群である、レクリエーション、ツーリズム、エンターテイメント群に属する項目を設定することとした。この3群にあてはまる現代の日本人が取り組む具体的な活動を社会経済生産性本部（2015）の発行するレジャー白

表3　対象者の個人的属性

	n	%		n	%
性別			過去1年間スタジアム観戦回数		
男性	159	63.9	1回	70	28.1
女性	90	36.1	2-3回	47	18.9
年齢（平均=40.17歳：標準偏差=10.44）			4-6回	64	25.7
10代	5	2.0	7-10回	33	13.3
20代	38	15.3	11-15回	16	6.4
30代	74	29.7	16-20回	7	2.8
40代	86	34.5	21回以上	12	4.8
50代	35	14.1	過去1年間最も直接観戦をしたJクラブ		
60代	10	4.0	仙台	16	6.4
婚姻			鹿島	9	3.6
未婚	107	43.0	浦和	35	14.1
既婚	142	57.0	大宮	8	3.2
子どもの有無			柏	13	5.2
子どもなし	128	51.4	FC東京	20	8.0
子どもあり	121	48.6	川崎	12	4.8
3時間以上のまとまった余暇時間の取れる日数			横浜	24	9.6
月に8日以上	108	43.4	湘南	6	2.4
月に5-7日	70	28.1	新潟	7	2.8
月に4日	38	15.3	甲府	1	.4
月に1-3日	33	13.3	磐田	11	4.4
応援しているJクラブの有無			名古屋	17	6.8
応援していない	34	13.7	ガ大阪	33	13.3
応援している	215	86.3	神戸	8	3.2
			広島	14	5.6
			福岡	10	4.0
			鳥栖	5	2.0

表4　余暇活動項目

スポーツ観戦
　（クラブ名）の試合会場での観戦　【Xクラブ観戦】
　（クラブ名）のテレビ観戦　【Xクラブテレビ観戦】
　（Xクラブ）以外のJクラブの試合会場での観戦
　　　　　　　　　　　　　　　　【サッカー観戦】
　サッカー以外の団体スポーツの試合会場での観戦
　【団体競技観戦】
　サッカー以外の個人スポーツの試合会場での観戦
　【個人競技観戦】
レクリエーション（スポーツ）
　自分で行う、団体種目のスポーツ競技【する団体競技】
　自分で行う、個人種目のスポーツ競技【する個人競技】
　自分で行う、競技性のない身体運動【身体運動】
レクリエーション（カントリーサイド）
　キャンプ
　登山
　マリンスポーツ
エンターテイメント
　ドライブ
　観劇
　音楽ライブ・イベント　【ライブ】
　映画を観る（テレビ以外）　【映画】
　芸術鑑賞
　遊園地・テーマパーク　【遊園地】
ツーリズム
　観光旅行

† （クラブ名）には、過去1年以内に観戦したことがあると回答されたJクラブ名を挿入した

書の調査項目から選出した。ただし、レクリエーション群のスポーツについては、団体競技種目、個人競技種目、競技性のない種目の3つを設定し、包括して問うことができるようにした。

②個別便益の測定項目

余暇活動から得られる個別便益を測定する項目は、Leisure Benefit Scale（Philipp, 1997）に加え、本稿がスポーツの直接観戦を、解明すべき中心的対象とすることに鑑み、本間・松岡（2016）が開発した、みるスポーツの価値意識評価尺度を参考に、検討し作成した（表5）。なお、本稿では、18種の余暇活動それぞれに対して便益を問う必要があるため、先行研究の質問項目をそのまま援用すると膨大な量の質問を回答者に求めることとなる。そのため、先行研究における因子の定義と質問文を参考に個別便益項目を作成し、原則1つの便益については1つの設問で聞くこととした。

③心理的関与段階の測定項目

Jクラブの直接観戦への心理的関与の段階を測定する尺度は、Funk（2008）のPCMを翻訳し援用した瀬戸（2011）の尺度を参考に設定した。この枠組みは、Pleasure（特定のチームに対して抱く楽しみ）、Centrality（自分の生活の中でどの程度中心的な役割を果たしているか）、Sign（チー

表5　個別便益の測定項目

	便益	質問項目
1	交流	人と交流すること
2	代理達成	他者の成果や成功を通して、達成感を得ること
3	興奮	結果が予測できないことによって、興奮や緊張感、スリルを味わうこと
4	知識	知識や技術を得ること
5	リラックス	リラックスし、気楽にすること
6	健康	健康の維持・増進に役立てること
7	逃避	日々の決まった活動や現実から、逃避すること
8	有意義	自分にとって有意義なこと
9	成功達成	成功を感じ、達成感を得ること
10	評価向上	周囲の人々からの自身への評価を高めること
11	気分高揚	気分を高揚させること
12	時間つぶし	時間を潰すこと
13	支援	自分が好きな人やものを支援すること
14	成長	自身を成長・向上させること
15	らしさ表現	自分らしさを表現すること

ムが自分の中でどの程度象徴的な役割を持っているか)の値により、4つの心理愛着段階に分類できるとしている。具体的には、まずPCSそれぞれの要因の合成変数の平均値が4.5未満を低群、4.5以上5.75未満を中群、5.75以上を高群とする。そこで要因の程度群がどのような組み合わせを取るかによって、4群に分類する。PCSの全てが低群である者を「認知（awareness）」とし、CとSが低群かつPが低群以外である者を「興味（attraction）」に分類し、低群がなく2要因が高群である者を「忠誠（allegiance）」に、それ以外の者を「愛着（attachment）」に分類する。瀬戸（2011）では、尺度を翻訳、バックトランスレーション、専門家による検討の手続きを踏み日本語版の尺度を作成している。この尺度を本稿の目的に沿うよう検討を行い、一部修正を加えたうえで用いた。

心理的変数の尺度モデルを検討するため、統計解析ソフトSPSS Amos24を用いて確認的因子分析を行った（表6）。尺度のデータへの適合度については、$\chi^2/df=3.23$（基準値≤ 3.00）とCFI = .88（基準値$\geq .90$）が基準値を若干満たさなかったが、GFI = .92（基準値$\geq .90$）およびRMSEA = .079（基準値$\leq .080$）は基準値を満たした。また、収束的妥当性を確認するため、因子負荷量（λ）、合成信頼性（CR）、平均分散抽出（AVE）を算出した。すべての要因が基準値（$\lambda \geq .70$；CR $\geq .60$；AVE $\geq .50$）を上回ったことから、収束的妥当性が確認された。弁別的妥当性を確認するために統計解析ソフトSPSS 24.0を用いて相関を求めた（表7）。象徴性と中心性の因子間相関の値が.80とやや高い値を示したが、すべての要因間で、AVEが因子間相関の二乗よりも高い値となり、弁別的妥当性を支持する結果を得た。尺度のデータ適合度指標が一部基準値を満たしていないものの、それ以外のデータ適合度指標、弁別的および収束的妥当性がすべて基準値を満たしたこと、また本稿では尺度の開発を主な目的とはしていない点に鑑み、本尺度は分析に進むに耐えられると判断し、以降の分析に進んだ。

3. 結果1：個別便益についての特性

Jクラブの提供するプロダクトが、その他の余暇活動と比較してどのような個別便益を持つのかについて検討を行うため、「得られると思う」もしくは「得られると思わない」の2件法（複数回答可）でデータを収集した。収集したデータの度数と調整済み残差は、表8に示す通りである。「得られる」と最も多く回答された便益は「交流（143

表6　尺度モデルの検証

要因	質問項目	λ	CR	AVE
Pleasure（娯楽性）			.83	.62
1.	（クラブ名）の試合を会場で観戦することは、私に大きな喜びを与えてくれる	.75		
2.	（クラブ名）の試合会場での観戦は、本当に楽しい	.71		
3.	他の余暇活動と比べて、（クラブ名）の試合を会場で観戦することはとても面白い	.90		
Centrality（中心性）			.95	.87
1.	自分の余暇時間の大半は、（クラブ名）の試合会場での観戦に関わる活動をすることで占められている	.89		
2.	（クラブ名）の試合会場での観戦は、自分の余暇時間の中で中心的な役割を果たしている	.97		
3.	（クラブ名）の試合会場での観戦に関わる活動をすることに、たくさんの余暇時間を使っている	.93		
Sign（象徴性）			.92	.80
1.	（クラブ名）の試合を会場で観戦することは、自分自身がどういう人間かを大いに表している	.89		
2.	（クラブ名）の試合を会場で観戦している様子を見ると、その人のことがよくわかる	.85		
3.	（クラブ名）の試合を会場で観戦している時に本当の自分になれる	.94		

† $\chi^2(df) = 3.23$（p < .001）、GFI = .92、CFI = .88、RMSEA = .079。
†† λ= 標準化因子負荷量（standardized factor loading）；CR= 合成信頼性（composite reliability）；AVE= 平均分散抽出（average variance extracted）。
††† 「非常にそう思う（1）」から「まったくそう思わない（7）」までの7段階評価尺度で測定し、その後数値を逆転させた。

表7　因子間相関

要因	因子間相関		
	1	2	3
1. Pleasure（娯楽性）	1.00		
2. Centrality（中心性）	.54	1.00	
3. Sign（象徴性）	.66	.80	1.00
平均	5.42	3.96	4.36
標準偏差	1.11	1.58	1.39

† 　心理的要因の平均値および標準偏差は、SPSS 24.0 によって算出した。
†† 　心理的要因の平均値および標準偏差の計算には、SPSS 24.0 によって観測変数の合成変数を用いた。
††† 　心理的要因の項目間相関は確認的因子分析を用いた。算出には Amos 24.0 を用いた。
†††† 　すべての因子間相関が 0.1% 水準（p<.001）で有意であった

回答）」であり、その他回答数が 100 を超えた便益としては、「興奮（133 回答）」、「代理達成（119 回答）」、「支援（117 回答）」、「気分高揚（112 回答）」であった。

　本データを用いてコレスポンデンス分析を行うにあたり、まず、本稿で収集したデータと分析との適合性を検証した。余暇活動と個別便益についてカイ二乗検定を行った結果、有意水準 5% 未満であり（χ^2=1273.92; df=238; p<.001）、行と列は独立でなく、余暇活動と得られる便益には関係があると判定することが妥当とされた。これにより、本データをコレスポンデンス分析に適したデータとして分析を進めた。

　本稿では、表 8 の通り、18 の余暇活動と 15 の個別便益を用いたクロス集計表を用いた。コレスポンデンス分析の解の次元数は、行数と列数のうち少ないものから 1 を引いた数となるため、本稿における次元数は 14 となる。ただし、コレスポンデンス分析が視覚的に示すことによって解釈を容易にすることを目的としていることに鑑みると、次元数は 2 もしくは 3 とされるべきであり、この次元数にデータが集約される必要がある。表 9 は本データによる分析結果の要約を示しており、再現性の評価指標となるイナーシャの寄与率は、2 次元累積で .737 となった。これにより、もとのデータの情報の 73.7% が集約されていることが示されたため、以降 2 次元での結果を用いた検討を行うこととした。

　コレスポンデンス分析による布置図は図 1 の通りとなった。全体の情報が、次元 1（横軸）で 40.7%、次元 2（縦軸）で 33.0% 集約されており、行（本分析における余暇活動）および列（本分析におけるベネフィット）のスコアをもとに各項目が布置された。なお、分析によって算出されるスコアの値は正規化の方法によって異なるが、本稿では、余暇活動およびベネフィットのカテゴリ（群）間の差と類似性や、余暇活動とベネフィットの関係を検討することに適している方法として、対称的正規化を用いた。布置図において、特徴のない平均的なものとされる原点付近に位置する活動および便益は見受けられなかった。これは、余暇活動においては、相対的な特徴を持たない、すなわち、一貫して共通するような便益はあまり見られないということである。また、余暇活動と便益は、大きく 3 群に分類される傾向を持つことも示された。原点から見て右下に布置されたスポーツに関連しかつ観戦する余暇活動のプロダクト群と、原点より左下周辺に布置された消費者自身がスポーツ活動を行うプロダクト群、そして原点より上方に布置されたスポーツとの関連が薄い余暇活動におけるプロダクト群である。

　次に、本検討の目的である「Jクラブの直接観戦」において認識されている個別便益の特徴に着目する。近くに布置された行もしくは列の要因は、その分布が似ていると解釈できる。Jクラブの直接観戦においては、他の活動に比べ相対的に「支援」、「興奮」、「代理達成」の便益が認識されている傾向が示されている。すなわち、Jクラブの直接観戦の持つ相対的に特徴的なプロダクトの性質としてこれら個別便益が認められた。併せて、認識されている便益の種類の特徴が相対的に類似する余暇活動は、他の観戦活動（「テレビでの特定のJクラブの試合」、「特定クラブ以外の直接試合」、「個人競技の試合」、「団体競技の試合」）となり、図右下周辺に布置された。他方、左下周辺には、スポーツに関して消費者自身が行う活動が布置され、特に「健康」が相対的な特徴であった。また、Jクラブの直接観戦では、他者の成功によ

表8　個別便益の度数および調整済み残差

		交流	代理達成	興奮	知識	リラックス	健康	逃避	有意義	成功達成	評価向上	気分高揚	時間つぶし	支援	成長	らしさ表現	合計
Xクラブ観戦	度数	143	119	133	57	63	37	81	94	65	39	112	61	117	46	64	1231
	調整済み残差	2.3	4.2	4.0	-2.4	-3.3	-3.6	-2.8	-0.8	0.1	-1.5	1.1	-0.9	5.8	-3.0	-0.3	
Xクラブテレビ観戦	度数	31	84	94	45	54	23	49	64	44	23	80	52	71	39	30	783
	調整済み残差	-5.8	4.5	4.4	-0.5	-0.6	-2.9	-2.5	-0.1	0.5	-1.5	2.1	1.5	4.0	-0.8	-2.0	
サッカー観戦	度数	55	54	64	23	30	19	44	41	24	13	53	32	48	21	26	547
	調整済み残差	0.2	2.9	3.4	-1.9	-1.8	-1.8	-0.5	-0.7	-0.9	-2.0	1.2	0.4	3.0	-1.8	-0.7	
団体競技観戦	度数	57	68	68	30	29	18	35	34	30	19	40	23	46	21	28	546
	調整済み残差	0.5	5.3	4.0	-0.7	-2.0	-2.0	-1.9	-1.8	0.3	-0.6	-0.8	-1.4	2.6	-1.8	-0.3	
個人競技観戦	度数	45	46	62	25	32	18	36	31	25	26	38	20	38	21	24	487
	調整済み残差	-0.4	2.3	4.0	-1.0	-0.8	-1.5	-1.0	-1.6	-0.1	1.6	-0.4	-1.4	1.9	-1.3	-0.5	
する団体競技	度数	65	42	47	39	21	48	37	38	42	44	40	25	19	52	41	600
	調整済み残差	0.9	0.1	-0.1	0.4	-3.8	3.3	-2.2	-1.8	2.0	4.4	-1.5	-1.5	-2.9	3.4	1.6	
する個人競技	度数	36	35	46	39	24	55	34	41	43	42	41	29	31	52	39	587
	調整済み残差	-3.1	-0.9	-0.1	0.5	-3.2	4.8	-2.5	-1.2	2.4	4.1	-1.2	-0.6	-0.6	3.6	1.4	
身体運動	度数	34	16	21	31	31	80	41	49	32	27	32	23	13	43	33	506
	調整済み残差	-2.4	-3.4	-3.2	0.0	-1.2	11.2	-0.4	1.2	1.1	1.6	-1.6	-1.0	-3.3	2.9	1.1	
芸術鑑賞	度数	25	14	16	59	45	20	32	29	19	25	26	21	21	39	22	426
	調整済み残差	-2.8	-3.0	-3.3	6.8	2.5	-0.4	-0.9	-0.7	-0.8	0.5	-1.9	0.6	-0.3	3.3	-0.2	
キャンプ	度数	67	19	12	30	36	22	39	34	20	18	30	16	17	22	22	402
	調整済み残差	4.7	-1.7	-3.8	1.1	1.2	0.3	0.8	0.2	-0.2	0.5	-0.6	-1.4	-1.4	-0.5	0.1	
登山	度数	54	18	23	24	31	48	39	33	42	23	23	19	9	25	22	428
	調整済み残差	2.0	-2.2	-2.0	-0.5	-0.2	5.9	0.3	-0.4	4.4	0.3	-2.2	-1.0	-3.4	0.2	-0.2	
マリンスポーツ	度数	28	17	20	21	17	28	34	20	11	11	21	13	10	13	20	284
	調整済み残差	0.0	-0.6	-0.6	0.9	-0.9	3.7	2.0	-0.8	-1.0	-0.1	-0.6	-0.7	-1.7	-0.7	1.2	
ドライブ	度数	44	6	16	22	41	6	45	31	12	16	32	37	9	19	20	356
	調整済み残差	1.7	-3.9	-2.4	0.0	3.0	-3.0	2.7	0.2	-1.6	0.5	0.5	4.1	-2.7	-0.2	0.2	
遊園地	度数	44	12	18	9	37	9	46	24	9	11	31	21	8	12	14	305
	調整済み残差	2.8	-2.1	-1.3	-2.4	3.2	-1.7	4.1	-0.2	-1.8	-0.3	1.2	1.1	-2.5	-1.3	-0.6	
観劇	度数	17	15	15	21	26	7	37	28	11	5	20	13	14	13	15	257
	調整済み残差	-1.7	-0.7	-1.3	1.4	1.7	-1.8	3.3	1.6	-0.7	-1.7	-0.3	-0.3	-0.3	-0.4	0.3	
ライブ	度数	50	26	19	15	40	9	50	48	8	6	50	21	33	16	21	412
	調整済み残差	1.6	-0.4	-2.6	-2.2	1.8	-2.8	2.6	2.5	-3.1	-2.7	2.9	-0.4	1.9	-1.5	0.9	
映画	度数	22	15	27	26	59	6	48	42	13	9	38	36	15	20	18	394
	調整済み残差	-2.9	-2.4	-0.8	0.4	5.8	-3.3	2.6	1.8	-1.8	-1.8	1.0	3.3	-1.8	-0.4	-0.7	
観光旅行	度数	67	12	14	38	55	8	53	53	17	12	41	28	11	31	28	468
	調整済み残差	3.4	-3.8	-4.1	1.8	3.7	-3.4	2.1	2.5	-1.6	-1.6	0.4	0.5	-3.3	1.0	0.6	
合計	度数	884	618	715	554	671	461	780	744	472	358	747	495	530	503	487	9019

† 度数は、「得られる」と回答された数を示す

表9　コレスポンデンス分析：結果の要約

			イナーシャの寄与率			信頼特異値		
							相関	
次元	特異値	イナーシャ	説明力	累積		SD	2	3
1	.240	.057	.407	.407		.010	.127	.005
2	.217	.047	.330	.737		.010		.008
3	.123	.015	.106	.844		.010		

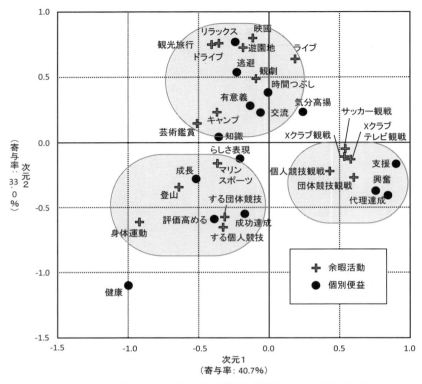

図1　コレスポンデンス分析：余暇活動と個別便益との関係布置図

って達成感を得る「代理達成」が特徴的であったのに対し、自分自身の成功による「成功達成」が特徴的な便益となっている。

なお、本結果を解釈する際には、ある活動の近くに布置された便益が、その活動について、より多く回答されているわけではない点に留意が必要である。例えば、Jクラブの直接観戦について、得られると最も多く回答された便益は「交流（143回答）」であるが、コレスポンデンス分析による布置図においては、近くに布置されていない。これは、「交流」が他の余暇活動、ここでは原点上部、スポーツに関連しない余暇活動群により特徴的な便益として見られた結果であると解釈できる。

4. 結果2：全体便益についての特性

Jクラブの直接観戦というプロダクトから得られる「便益」としての全体は、他のどのようなプロダクトと類似していると認識されているか。ここでは、個人とJクラブとの関わりの程度によってその認識がどのように異なるのかについて実証的に示し、さらに傾向をもとに、プロダクト特性を検討する。

まず、PCMを用いて、サンプルを4つの関与段階に分類した（表10）。興味と愛着の段階に位置する者がそれぞれ多く（興味：34.1％；愛着：32.5％）、認知と忠誠に位置する者が同程度に少なかった（認知：16.5％；忠誠：16.9％）。サンプルを分類したうえで、「各余暇活動で得られる全体便益」と「Jクラブ観戦から得られる全体便益」の類似性が、関与段階によって、どのように

表10　心理愛着段階の分類結果

	n	%	
認知	41	16.5	％
興味	85	34.1	％
愛着	81	32.5	％
忠誠	42	16.9	％
合計	249	100.0	％

異なるかについて一要因分散分析を用いて分析を行った。分析に先立ち、等分散性の検定を行った結果、「キャンプ」と「マリンスポーツ」において、等分散性が仮定されなかった。そのため、これら2種の活動を除いた15種の活動を対象に分析を進めた。分析の結果は表11に示すとおりであり、類似性への認識は、すべての余暇活動において、関与段階のいずれかで有意な差が見られた。さらに多重比較の結果、すべての余暇活動に対して、関与段階が高い者ほど、得られる便益に全体的な類似性があると認識していることが示されている。併せて、「認知」と「興味」の段階間においては、類似性の認識に差のあった活動がないことも示された。

5. 考察
1) 個別便益

本結果について、検討1で導出されたプロダクト特性も含めて、プロスポーツクラブのプロダクトの持つ特性について、考察および解釈を行う。

まず、相対的な得られる便益の傾向が類似する活動について、排他性を持つプロダクトであれば競争の関係に位置付けられるとも考えられるが、必ずしも排他性を持たないことに鑑みると、ターゲット層が重なっていることから、協働の有用性が高いと考察されるべきであろう。他方、本結果は、立地的・時間的に競合する活動がある場合には、そのプロダクトと差別化する際の指標としても用いることができよう。その組織における資源的なその他要因よりある個別便益を打ち出したい場合には、相対的特徴としてその個別便益が認められている活動が、ベンチマークすべき対象となると考えられる。

また、本結果より、スポーツの観戦活動を中心として考えた際、近接する他の余暇活動との相対的な個別便益の特徴を検討する軸として、「スポーツであるかどうか」と「みる活動か主体的に行う活動か」が有用である可能性が示唆された。他の余暇活動に比べて特徴的な提供便益は、「スポーツであるかどうか」をまず検討し、そこでスポ

表11 Jクラブのプロダクトとの便益の類似性についての多重比較

	認知 (n=41)		興味 (n=85)		愛着 (n=81)		忠誠 (n=42)		F値	多重比較
	平均	SD	平均	SD	平均	SD	平均	SD		
Xクラブテレビ観戦	4.24	1.32	4.67	1.32	5.25	1.23	5.93	1.16	15.371***	認知<愛着, 認知<忠誠, 興味<愛着, 興味<忠誠, 愛着<忠誠
サッカー観戦	4.05	1.12	4.49	1.31	4.83	1.21	5.62	1.40	11.999***	認知<愛着, 認知<忠誠, 興味<忠誠, 愛着<忠誠
団体競技観戦	4.34	1.09	4.76	1.37	4.57	1.37	5.60	1.31	7.588***	認知<忠誠, 興味<忠誠, 愛着<忠誠
個人競技観戦	4.10	1.07	4.60	1.35	4.52	1.22	5.40	1.40	7.812***	認知<忠誠, 興味<忠誠, 愛着<忠誠
する団体競技	3.95	1.09	4.20	1.39	4.27	1.36	5.19	1.49	7.036***	認知<忠誠, 興味<忠誠, 愛着<忠誠
する個人競技	3.76	1.28	4.07	1.37	4.19	1.32	5.02	1.51	6.792***	認知<忠誠, 興味<忠誠, 愛着<忠誠
身体運動	3.54	1.14	3.75	1.26	4.15	1.39	5.10	1.53	12.151***	認知<愛着, 認知<忠誠, 興味<忠誠, 愛着<忠誠
芸術鑑賞	3.76	1.39	3.24	1.56	3.62	1.42	4.52	1.71	6.852***	興味<忠誠, 愛着<忠誠
登山	3.63	1.37	3.21	1.42	3.86	1.55	4.52	1.67	7.588***	認知<忠誠, 興味<愛着, 興味<忠誠
ドライブ	3.76	1.39	3.40	1.52	3.81	1.55	4.64	1.69	6.110***	認知<忠誠, 興味<忠誠, 愛着<忠誠
遊園地	3.68	1.39	3.64	1.63	3.96	1.50	4.93	1.61	7.174***	認知<忠誠, 興味<忠誠, 愛着<忠誠
観劇	3.63	1.32	3.41	1.52	3.79	1.54	5.05	1.59	11.539***	認知<忠誠, 興味<忠誠, 愛着<忠誠
ライブ	3.59	1.14	4.02	1.52	4.33	1.40	5.14	1.46	9.434***	認知<愛着, 認知<忠誠, 興味<忠誠, 愛着<忠誠
映画	3.71	1.23	3.54	1.47	4.22	1.57	4.95	1.56	9.583***	認知<忠誠, 興味<忠誠, 興味<忠誠, 愛着<忠誠
観光旅行	3.73	1.52	3.69	1.72	4.36	1.59	5.02	1.72	7.431***	認知<忠誠, 興味<愛着, 興味<忠誠

† * p<.05 ** p<.01 *** p<.001; 自由度はいずれも (3, 245)
†† 「以下の活動で得られるものは（クラブ名）の試合会場での観戦で得られるものと、全体的にどの程度似ていると思いますか？」という設問について「非常に似ている（7）」から「全く似ていない（1）」までの7段階評価尺度で測定した

ーツである場合には、「みる」対象かもしくは否かによって区分することが可能であるということである。他方、スポーツでないとした場合の、その精神性と身体性が基準となり得るかどうかについては精緻化が必要と考えられる。

2) 全体便益

「各余暇活動で得られる全体便益」と「Jクラブ観戦から得られる全体便益」の類似性が、関与段階によって、どのように異なるかについて分析した結果から、検討1で考察されたプロダクト特性と併せて、考察を行った。

本結果から、プロスポーツクラブ観戦というプロダクトは、関与が高くなることによって、認識される便益が多くなり、類似の程度への認識も高くなる特性があることが示された。得られると認識されている全体便益の「類似程度が高くなる」ということは、一見すると、競合と「想定しなければならない」プロダクトが増加していると捉えられがちである。しかしながら、関与の程度が高まるほど類似認識が高まっていることを含めて考察すると、競合「することができている」プロダクトが増加し、かつその競争に勝っている状態と捉えられるべきである。つまり、高関与群は、他の余暇活動を行わなくとも様々な便益をプロスポーツクラブ観戦というプロダクトから享受していると解釈できる。これは、検討1で導出された「プロスポーツクラブの中核となる便益の幅が広く多様」である特性によって、競合可能なプロダクトが拡張していると見ることができる。本結果は、プロスポーツクラブのプロダクトの持つ特性の1つとして位置づけられる。

また、プロスポーツクラブの提供するプロダクトのこのような特性に鑑みると、プロダクトが提供する便益の広がりや価値、可能性などを理解し検討する際には、関与の程度を考慮した調査や考察が有用であり、今後の蓄積が望まれることが示唆された。さらに、本特性を実践に返すとすれば、プロダクトを提供する組織においては、関与の程度を高めることが、他の余暇活動との競争状態を有利にすることにつながるという認識が持たれる

べきであることが言えよう。

おわりに

1. 研究のまとめ

本稿の目的は、プロスポーツクラブを対象として、他のプロダクトとの競争関係を包摂したプロダクト特性を明らかにすることであった。この課題に答えるために、質的な概念的アプローチおよび、量的データを用いた実証的アプローチより、2つの検討を行った。検討1として、「同一プロダクト間での競争関係における特性」、「プロスポーツクラブの属する産業とその特性」、「代替製品：提供便益の特性」の観点から、プロスポーツクラブのプロダクト特性を考察した。その結果は表2にまとめられ、プロスポーツクラブのプロダクトは、経営理論が持っていたプロダクトについての暗黙の了解に当てはまらない特徴（「中心的な便益の多様性」や、「同種製品を生産する他組織のプロダクトとの競争関係の希薄さ」など）を持つことがわかった。同時に、経営学が古典的に原則としてきた競争のベクトルとは、異なるベクトルを持つことが示唆された。加えて、ここで導出された特性をもとにして、経営理論の援用課題を論考した。次に、検討2として、消費者から収集したデータを用いて、プロダクト特性について、便益的側面から実証的な分析と考察を行った。その結果、プロスポーツクラブのプロダクトが持つ、他のプロダクトとの間での相対的な特徴として、「支援」、「興奮」、「代理達成」などの便益が消費者に認識されていることが示された。併せて、個別便益の代替性について、どのように解釈するのが良いかについての考察を行った。また、全体便益と消費者のプロダクトへの関与についての分析および考察より、プロスポーツクラブのプロダクトは、「消費者がプロダクトへの高い関与を持つほど、様々な便益を享受できるようになる」という特徴を持ち、競合可能なプロダクトの拡張が可能なプロダクトであることが明らかとなった。

2. 本稿の含意

本稿は、プロスポーツクラブの特性の解明という学術的課題に答えるため、組織的特質を規定する要因の1つであるプロダクトに着目し、他プロダクトとの競争の関係を内包したプロダクト特性について明らかにすることを試みた。提供するプロダクトについての検討は、組織への本質的な理解を促し、経営組織についての研究、とりわけマクロ組織論的、戦略論的な研究を遂行する際の重要な基礎的知見となる。プロスポーツクラブのプロダクトの複雑性を描き出した本稿は、この蓄積に寄与するものであると考える。

　本稿の含意は次の3点にまとめられる。まず、本稿から導出された理論の援用課題としての結論は、プロスポーツクラブの特性、とりわけ他プロダクトと競争しない関係を持つ可能性に鑑みて、理論やフレームワークの援用を熟考するべきであるという極めてシンプルなものである。しかしながら、理論援用において、当該理論の源流となるパースペクティブにおける、競合についての概念的な解釈がどのようなものかを検討する必要があり、そこにおける競合関係の範囲や対象がプロスポーツクラブの現実と乖離しないかどうかについて注視されるべきであるという、具体的な検討の方向性が示されたことは、今後蓄積がなされるであろうプロスポーツクラブへの「競合」概念を含み持つ既存理論の援用や独自の理論の構築を目指す研究への、重要な指針となったと考える。

　次に、競争概念を用いる理論やフレームワークを用いた分析や議論においては、「みる」スポーツに関するプロダクトや組織と、「する」スポーツに関するものは「スポーツ組織」として一括りにはできず、異なる検討が必要である点を強調したい。同時に、プロスポーツリーグとプロスポーツクラブの間においても差異が見られるであろう。例えば、これまで戦略マネジメント研究からのアプローチを行っている研究の多くは、「する」スポーツであるスポーツクラブや、日本においては学校体育に対象をあてたものが多く、「みる」スポーツであるプロスポーツクラブを対象としたものは、一部の研究を除いてほぼ見られず、極めて少ないのが現状である。また、スポーツマネジメントの教科書的な文献において競争の概念を含む理論やフレームワークの解説がされる際には、民間スポーツクラブなどの「する」スポーツを想定して記述がなされていることが多く、そうでなくとも、「スポーツ組織」として記述され、「する」、「みる」スポーツのどちらの組織を対象としているかが曖昧であることがほとんどである。本稿で導出されたプロスポーツクラブの特殊性に鑑みると、「みる」スポーツは区分して議論される必要があり、ここに現在の知見では限定的な理解にとどまっていることを認識する必要性が示される。本点は、2点目の含意である。

　また、本稿の検討結果が持つ意味は、競争や、競争優位の源泉、そしてその持続性をめぐる戦略論の論争における歴史的変遷からも導出される。実際の市場の様相が変化することによって、これまで単純に競争的であると捉えられてきた他組織との関係が、協働的であると捉える方が良い事象が確認されたり、競合の把握においては、同一製品を製造するという意味での「業種」を超えた把握の必要性が指摘されるなど、組織との関係についての見方は変遷している。ここには、スポーツマネジメント領域におけるプロスポーツクラブという組織が、ある意味で経営学が今後捉えていきたい事象の観察対象として、極めて有用であることが示唆されている。すなわち、スポーツマネジメント領域を対象として吟味、調整を経て構築された理論が、親学問である経営学を豊かにしていく可能性を持つことが改めて確認されたといえる。以上が本稿の持つ含意として位置づけられる。

3.　研究の限界と今後の課題

　本稿は、プロスポーツクラブのプロダクトへの理解を深めたが、一方でいくつかの限界も存在する。まず、本稿での実証的な検討においては、余暇活動としてスポーツ観戦を中心に近接する活動を対象とした。今後は、スポーツの「する」と「みる」だけでなく「支える」という重要な活動であるスポーツ・ボランティア活動を含むボランティア活動や、「クール・ジャパン」として隆盛を見せる一方で、余暇研究の周辺とされてきたアニメ

やゲームなどの文化活動を含んだ、より広範な、もしくは特定の活動との関係に焦点を絞ることによる具体的な、プロスポーツクラブの特性の解明が必要である。併せて、今回収集したサンプルは、過去1年以内に直接観戦を行っていない人々を含んでいない。このため、直接観戦に関心をもち、アクセスが可能な地域に居住しているがまだ観戦を行っていないような人々を包括した結果を示すことはできていない。特性の精緻化には、このような潜在市場に属する人々を含む検討が必要であり、本稿の限界の1つに位置づけられる。さらに、データ適合度指標の一部が若干基準値を満たさなかった関与尺度の検討にも課題が残った。AVEを用いた弁別的妥当性の確認においては問題がなかったが、「象徴性」と「中心性」の因子間相関がやや高い値を示した。この2因子間の相関係数は過去の検証においても高い値が見られ（Beaton et al., 2011; Filo et al., 2013）、概念及び測定項目の再検討も必要であると考えられる。

また、プロスポーツクラブは、本稿で対象とした直接観戦という活動以外にも、グッズや、メディアを通した試合観戦といったプロダクトも提供している。本稿では、これらについての検討を行っていない。性質の異なる多様なプロダクトを提供するJクラブにおいて、プロダクト間の関係性を含めた検討は必要不可欠であり、今後の研究課題としたい。

また、本稿の結果が言及できる範囲についても限界が認められる。まず、理論の援用における課題の提示や検討の方向性について言及した一方で、理論を援用する際の作法などについては踏み込んでいないため、今後より一層の具体性を持たせる必要がある。加えて、特性を把握する際の切り口として、今後の理論援用を想定し、一般経営学の原則的な競争への捉え方を手掛かりにした一方で（競争対象を理解するための「同一製品」「業界内の製品」「代替製品」）、本稿は、戦略論および組織論の理論自体の拡大や修正、およびその領域における知見の蓄積については明示できる論理的結果を持ち得ていない。プロスポーツクラブのプロダクトに関する知見の限界を克服するための基礎的な研究になったものの、今後は一般経営学領域における知見を整理し、本稿より得られた結果が一般経営学において持つ意味を検討する研究の蓄積が望まれる。

最後に、本稿では、プロスポーツクラブの特性についてプロダクトの側面よりアプローチを行ったが、組織の事象は複雑であり、多面的に捉えることが必要である。例えば、組織的側面や、動態的側面などに着目した研究や、プロダクトと組織との相互作用の関係について検討する研究が望まれる。

【文献】

エーベル：石井淳蔵訳（1984）事業の定義. 千倉書房：東京.

青木幸弘・新倉貴士・佐々木壮太郎・松下浩司（2012）消費者行動論：マーケティングとブランド構築への応用. 有斐閣アルマ：東京.

青島矢一・加藤俊彦（2012）競争戦略論（第2版）. 東洋経済新報社：東京.

Beaton, A. A., Funk, D. C., Ridinger, L., & Jordan, J. (2011). Sport involvement: A conceptual and empirical analysis. Sport Management Review, 14(2); 126-140.

Brandenburger, A. M., and Nalebuff, B. J. (1996) Co-opetition. Crown Business: NY, USA.

Chelladurai, P. (1994) Sport management: Defining the field. European Journal of Sport Management, 1: 7-21.

Chelladurai, P. (2001) Managing organizations for sport and physical activity. Holcomb Hathaway: Scottsdale, AZ, USA.

Chelladurai, P. (2013) A personal journey in theorizing in sport management. Sport Management Review, 16: 22-28.

Cowell, D.W. (1980) The Marketing of Services. Managerial Finance, 5(3): 223-231.

Cunningham, G. B. (2013) Theory and theory development in sport management. Sport Management Review, 16:1-4.

Doherty, A. (2013) Investing in sport management: The value of good theory. Sport Management Review, 16:5-11.

Drucker, P. F. (1964) Managing for results. Harper & Row: NY, USA.

Filo, K., Chen, N., King, C., and Funk, D. C. (2013) Sport tourists' involvement with a destination: a stage-based examination. Journal of Hospitality & Tourism Research, 37(1): 100-124.

Fink, J. S. (2013) Theory development in sport management: My experience and other considerations. Sport Management Review, 16: 17-21.

福原崇之・原田宗彦（2014）Jリーグクラブにおける順位と収入の関係．スポーツマネジメント研究，6(1): 3-15.

Funk, D., Alexandris, K., and McDonald, H. (2008) Consumer behaviour in sport and events. Routledge: NY, USA.

Funk, D. C., Mahony, D. F. and Ridinger, L. L. (2002). Characterizing Consumer Motivation as Individual Difference Factors: Augmenting the Sport Interest Inventory (SII) to Explain Level of Spectator Support. Sport Marketing Quarterly, 11(1): 33-43.

Greenwell, T.C., Fink, J.S., and Pastore, D.L. (2002) Assessing the influence of the physical sports facility on customer satisfaction within the context of the service experience. Sport Management Review, 5:129-148.

原田宗彦（1995）スポーツ産業論入門．杏林書院：東京．

Harada, M., Matsuoka, H. (1999) The influence of new team entry up on brand switchingin the J-League. Sport Marketing Quarterly, 8: 21-30.

Haywood, L., Kew, F., and Bramham, P. (1995). Understanding leisure. Stanley Thornes: LDN, UK.

広瀬一郎（2009）スポーツリーグ産業のマネジメント．経営・情報研究：多摩大学研究紀要，13：3-12.

本間崇教・松岡宏高（2016）みるスポーツの価値意識評価尺度の開発．平成27年度 日本体育協会スポーツ医・科学研究報告Ⅲ：新たなスポーツ価値意識の多面的な評価指標の開発（第2報），13-25.

井上尊寛・松岡宏高・竹内洋輔・荒井弘和（2015）フィギュアスケート観戦のプロダクト構造．スポーツマネジメント研究，8（1）：3-15.

James, J.D., and Ross, S.D. (2004) Comparing sport consumer motivations across multiple sports. Sport Marketing Quarterly, 13: 17-25.

加藤勝康（1999）経営学史の構想における一つの試み．経営学史学会編（編）経営理論の変遷：経営学史研究の意義と課題．文眞堂：東京，11-22.

菊池秀夫（2006）スポーツ組織の経営資源．山下秋二・中西純司・畑攻・富田幸博（編著）スポーツ経営学 改訂版．大修館書店：東京，pp.64-77.

Koontz, H. (1961) The management theory jungle. Academy of Management Journal, 4(3): 174-188.

コトラー・ケラー：恩蔵直人監修・月谷真紀訳（2008）コトラー＆ケラーのマーケティング・マネジメント（第12版）：基本編．ピアソン桐原：東京．

Levitt, T. (1975) Marketing myopia. Harvard Business Review, (1975, September-October), 26-183.

Li, M., Hofacre, S., and Mahony, D. (2001) Economics of sport. Fitness Information Technology: Morgantown, WV, USA.

松岡宏高（2008）概念装置としてのスポーツ消費者．原田宗彦ほか（編著）スポーツマーケティング．大修館書店：東京，67-89.

松岡宏高（2010）スポーツマネジメントの概念の再検討．スポーツマネジメント研究，2（1）：33-45.

松岡宏高・醍醐笑部・本間崇教・青木雅晃（2014）みるスポーツの価値に関するレビュー．平成26年度 日本体育協会スポーツ医・科学研究報告：新たなスポーツ価値意識の多面的な評価指標の開発（第1報），67-81.

ミンツバーグ・アルストランド・ランベル：齋藤嘉則（監訳）（1999）戦略サファリ：戦略マネジメント・ガイドブック．東洋経済新報社：東京．

Mullin, B.J., Hardy, S., and Sutton, W.A. (2007) Sport marketing (3rd ed.). Human Kinetics: Champaign, IL: USA.

武藤泰明（2008）スポーツファイナンス．大修館書店：東京．

長積仁（2011）スポーツ組織研究の課題と展望：知識コミュニティとしての学会が蓄積すべき経験的事実．スポーツマネジメント研究，3（1）：35-43.

NHK放送文化研究所（2016）2015年国民生活時間調査報告書．Available from NHK放送文化研究所，https://www.nhk.or.jp/bunken/research/index.html

中西純司（2005）スポーツマーケティング・アプローチ．山下秋二・原田宗彦（編著）図解スポーツマネジメント．大修館書店：東京，pp.106-117.

大野貴司（2011）プロスポーツクラブ経営戦略論（改訂版）．三恵社：愛知．

押見大地・原田宗彦（2013）スポーツ観戦者における感動：顧客感動・満足モデルおよび調整変数の検討．スポーツマネジメント研究，5：19-40.

小澤考人（2013）「余暇（レジャー）」(leisure)とは何だろうか？：価値論的考察の試み．余暇学研究，16：50-64.

Parks, J.B., Quarterman, J., and Thibault, L. (2007) Contemporary sport management. (3rd ed.). Human Kinetics: Champaign, IL, USA.

Philipp, S. F. (1997) Race, gender, and leisure benefits. Leisure Sciences, 19 (3): 191-207.

ピコー・ディートル・フランク：丹沢安治ほか訳（2007）新制度派経済学による組織入門：市場・組織・組織間関係論へのアプローチ（第4版）白桃書房：東京．

Pitts, B.G., and Stotlar, D.K. (2007) Fundamentals of sport marketing (3rd ed.). Fitness Information Technology: Morgantown, WV, USA.

Porter, M. E. (1980) Competitive Strategy: Techniques for Analyzing Industries and Competitors, The Free Press：NY, USA.

ポーター：土岐坤ほか訳（1995）競争の戦略．ダイヤモンド社：東京．

榊原清則（1992）企業ドメインの戦略論：構想の大きな会社とは．中央公論新社：東京．

Stewart, B., and Smith, A. (1999) The special features of sport. Annals of Leisure Research, 2: 87-99.

Sammon, W. L.(1986) Assessing the competition: Business intelligence for strategic management. In: Gardner, J. R, Rachlin, R., and Sweeney, A. (Eds.) Handbook of Strategic Planning. Wiley: NY, USA.

瀬戸綾（2011）スポーツファンの心理変化プロセスに関する研究：質的研究を用いた変容解明，早稲田大学大学院スポーツ科学研究科修士論文．

Shank, M.D. (2009) Sports marketing: A strategic perspective (4th ed.). Prentice Hall: Upper Saddle River, NJ, USA.

清水紀宏（1994）「スポーツ経営」概念の経営学的考察．体育学研究，39：189-202．

清水紀宏（2009）スポーツ組織現象の新たな分析視座：スポーツ経営研究における「応用」．体育経営管理論集，1：1-7．

Slack, T., and Parent, M. M. (2006) Understanding sport organizations: The application of organization theory (2nd ed.). Human Kinetics: Champaign, IL, USA.

Smith, A. C., and Stewart, B. (2010) The special features of sport: A critical revisit. Sport Management Review, 13 (1): 1-13.

社会経済生産性本部（2015）レジャー白書2015，文栄社：東京．

社会経済生産性本部（2017）レジャー白書2017，文栄社：東京．

武隈晃（1995）管理者行動論によるスポーツ組織の検討．体育学研究，40：234-247．

徳永豊・マクラクラン，D.・タムラ，H.（1989）マーケティング英和辞典．同文舘出版：東京．

冨山浩三（2008）組織行動と発展．原田宗彦・小笠原悦子（編著）スポーツマネジメント．大修館書店：東京，pp.74-93.

Trail, G. T., and James, J. D. (2001) The motivation scale for sport consumption: Assessment of the scale's psychometric properties. Journal of sport behavior, 24 (1): 108-127.

Trail, G. T., Robinson, M. J., Dick, R. J., and Gillentine, A. J. (2003) Motives and points of attachment: Fans versus spectators in intercollegiate athletics. Sport Marketing Quarterly, 12 (4): 217-227.

Wann, D. L. (1995) Preliminary validation of the sport fan motivation scale. Journal of Sport and Social Issues, 19 (4): 377-396.

山倉健嗣（1993）組織間関係：企業間ネットワークの変革に向けて．有斐閣：東京．

山下秋二・畑攻・冨田幸博編（2000）スポーツ経営学．大修館書店：東京．

八代勉・中村平（2002）体育・スポーツ経営学講義．大修館書店：東京．

吉田政幸（2011）スポーツ消費者行動：先行研究の検討．スポーツマネジメント研究，3 (1)：5-21.

Yoshida, M., and James, J.D. (2010) Customer satisfaction with game and service experiences: Antecedents and Consequences. Journal of Sport Management, 24: 338-361.

（2018年6月6日　受付）
（2018年10月15日受理）

■国際会議レポート

北米スポーツマネジメント学会 2017 年度大会
The North American Society for Sport management Conference 2017

高田紘佑

　今回で 32 回目となる 2017 年北米スポーツマネジメント学会（North American Society for Sport Management：以下「NASSM」と略す）が、2017 年 5 月 30 日から 6 月 3 日にかけて、米国コロラド州デンバーで開催された。NASSM の発表によると、研究発表への応募数は計 529 件であり、採択に至ったのは 382 件（採択率 72.2%）であった。最終的に、361 件の口頭発表やポスター発表が行われた。一昨年度大会以前と比較すると、昨年度大会と同様に採択率の高い大会であった。

研究分野別の研究動向

　はじめに、今大会では応募時に選択する研究分野が再編された。昨年度大会までは 15 の研究分野から 1 つを選ぶ形式であったのに対し、今大会では「12 の研究分野」「44 の研究トピック」「15 の研究対象」からそれぞれ 1 つずつ選択する形式となった。こちらの詳細については後述したい。

　表 1 では、2017 年度大会で報告された研究発表の件数と割合を研究分野別に示し、参考用に 2016 年度の研究分野別発表数を記載している。前回大会と同様、マーケティング分野の研究発表が最も多く、全体の 28.0% を占めた。次いで、マネジメント分野が 19.9%、社会文化的側面に関する分野の発表が 10.8% であった。発表件数の多い分野の傾向は 2016 年度大会と類似していた。

　次に、研究分野の再編について見ていきたい。2017 年度大会から「施設・イベント（Facilities / Events)」と「開発のためのスポーツ（Sport for development)」を含む 3 分野が新設され、「組織論・組織文化（Organizational theory / Culture)」「人材の多様性（Diversity)」「専門的職業準備（Professional preparation)」「スポーツ・ツーリズム（Sport tourism)」「倫理学（Ethics)」の 5 分野に関する選択肢が無くなった（表 1)。しかしながら、これは研究応募時の分野に関する選択肢が見られなくなったということであり、これらの分野に関する研究が発表されなくなった訳ではない。

　表 2 では、2017 年度大会における研究分野、研究トピック及び研究対象についてまとめた。すると、同様の研究トピックでも異なる研究分野に属す発表が存在すると分かる。例えば、「多様性（Diversity)」という研究トピックは、マーケティング分野とマネジメント分野の双方に見られ、研究トピック「スポンサーシップ（Sponsorship)」は、マーケティング分野と施設・イベント分野に見受けられる。スポーツマネジメントという学際的な分野の特徴が、ここでも指摘できる。

　以下では、今大会での発表件数が最も多かったマーケティング分野と、近年注目を集める開発のためのスポーツ分野の研究動向について記述する。

1. マーケティング

　本大会では、マーケティング分野の研究として 101 題が発表された。研究トピックとしては消費

表 1　2017 年度大会の研究分野別発表件数

2017				2016		
	研究分野	N	%	研究分野	N	%
1	Marketing	101	28.0	Marketing	89	26.3
2	Management	72	19.9	Management / Leadership	44	13.0
3	Socio-cultural	39	10.8	Socio-cultural	47	13.9
4	Teaching / Learning	31	8.6	Teaching	13	3.8
5	Facilities / Events	23	6.4	―	―	―
6	Finance / Economics	20	5.5	Economics	14	4.1
				Finance	3	0.9
7	Communication	17	4.7	Communication	20	5.9
8	Sport for development	14	3.9	―	―	―
9	Governance / Policy	13	3.6	Governance	10	2.9
10	Sport development	12	3.3	―	―	―
11	Method	10	2.8	Research / Statistical methodology	9	2.7
12	Law	9	2.5	Legal aspects	8	2.4
―	―	―	―	Organizational theory / Culture	28	8.3
―	―	―	―	Diversity	20	5.9
―	―	―	―	Professional preparation	16	4.7
―	―	―	―	Sport tourism	10	2.9
―	―	―	―	Ethics	8	2.4
	合計	361	100.0		339	100.0

者行動（Consumer behavior）が 43 題と最も多く、ブランディング（Branding）が 12 題、スポンサーシップ（Sponsorship）が 11 題、モチベーション（Motivation）が 10 題と続いた。また、マーケティング分野の研究対象として最も多かったのはプロスポーツであり、38 題が発表された。次いで、大学スポーツが 11 題、エリートスポーツとアマチュアスポーツが各 6 題である。

ここでは、ブランディング（Branding）に関する発表について詳細に報告したい。学会では、ゴルフ大会やマイナーリーグのブランドエクイティといった研究（Hanna et al., 2017; Lee et al., 2017）のみならず、学生スポーツアスリートの大学選択における大学のブランドに関する研究（Medeiros and Chard, 2017）等が発表された。

中でも筆者が個人的に興味深かったのは、必ずしもスポーツイベントの開催が開催都市の国際的イメージに好影響を与えるわけではない、ということを明らかにした研究（Heere et al., 2017）であった。この研究は、ツール・ド・フランスの出発地点であるオランダのユトレヒトに着目して行われ、調査は世界 9 ヵ国で実施された。調査対象は二群に分けられ、コントロール群はツール・ド・フランスに関する情報を含まない冊子を、非コントロール群には同情報を含めた冊子が配布され、その後に回答を得ている。9 カ国全体の結果として統計的に有意な結果は見られなかったが、国別に着目すると、フランスを含む 3 カ国でネガティブな効果が見られた。特にフランスで見られたネガティブな反応について Heere et al.（2017）は、自国で開催されてきたイベントが他国（他都市）に奪われたように感じられるからではないかと説明している。

近年、オリンピックやサッカーワールドカップの開催是非に関して開催地域の住民から疑問が投げかけられる場面も見受けられる。持続的なスポーツイベントの開催に関する学術界からの貢献が、

表2 2017年度大会における研究分野・研究トピック・研究対象

研究分野	研究トピック		研究対象
Marketing	Consumer behavior	Strategy	Professional sport
	Branding	Brand community	Collage sport
	Sponsorship	Sexuality	Community sport
	Motivation	Service quality	Elite sport
	Fun ID	Sales	International sport
	CSR	Organizational change	Youth sport
Management	Organizational behavior	Organizational change	Olympic sport
	Leadership	Human resource management	Amateur sport
	CSR	Work life	Physical activity
	Strategic Management	Organizational capacity	Disability sport
	Volunteers	Learning	Online community
	Diversity		School sport
Socio cultural	Diversity	Work life	Volunteers
	Community	Family	Sport club
Teaching / Learning	Teaching strategies/ methods	Mentoring	Immigrant sport
	Professional development	Teaching strategies	
	Learning		
Facilities / Events	Event marketing	Sponsorship	
	Operations	Volunteers	
	Facility marketing	Sustainability	
Finance / Economics	Economics	Finance	
Communication	Social media	Public relations	
	Media		
Sport for development	Social capital		
Governance / Policy	Governance	Policy	
Sport development	Sport development		
Method	Qualitative	Multilevel analysis	
	Quantitative		
Law	Law		

引き続き一層求められるのではないだろうか。

2. 開発のためのスポーツ（Sport for development）

　開発のためのスポーツ（Sport for development；以下では「SFD」と略す）に関する研究は14題発表された。研究トピックはソーシャルキャピタル（Social capital）に関する発表が1題であり、残り13題の研究トピックはその他（Others）であった。研究対象はコミュニティ・スポーツ（Community sport）が6題で最多、続いてユース・スポーツ（Youth sport）とその他（Others）が各3題発表された。

　Svensson and Hambrick（2017）が指摘するように、SFDに関する研究はこれまで、プログラムの実施前後にその効果を測定する内容が大半であった。しかし今大会では、SFD関連組織内外の繋がりに関する研究（Svensson and Hambrick, 2017）やNF等国内で中心となるスポーツ組織がSFD組織をどう捉えているのかに着目した研究（Clutterbuck and Doherty, 2017）、SFD組織のリーダーシップに関する研究（Peachey at el., 2017）等、研究対象がより多様となった。

　研究の幅が広がる一方で、SFD（Sport For Development）やSDP（Sport for Development & Peace）、SD（Sport Development）と言葉の使い分けは多様であり、同義でも研究毎に異なる単語で

の表現が散見された。ただ、研究分野としては緒に就いたばかりであり、研究の蓄積と共に用語や定義の統一が今後期待される。

学会大会の運営・プログラムについて

1. 学会スケジュール管理アプリ"Yapp"について

　今大会では、参加者がプログラムスケジュールを容易に把握できるようにするため、モバイルデバイス用のアプリケーション"Yapp"が導入された。このアプリケーションには、基調講演や編集委員会議等の学会全体スケジュールを確認できる"Schedule at a Glance"機能（図1）や、発表タイトルや発表者といった詳細な情報とそのスケジュールが盛り込まれた"Academic Program Schedule"機能（図2）が含まれている。また、自分だけの学会スケジュールが"My Schedule"機能（図3）によって作成可能となり、聞きたい研究の抄録を各個人のスマートフォンやタブレット上で閲覧可能となった。なお、大会参加受付時に配布される冊子には、大会スケジュールと発表タイトル及び発表者のみが記載されている。学会用アプリケーションに関するメールが学会前に配信され、学会員はメールに記載されたURLリンクを介してダウンロードする、という流れである。多くの参加者がアプリケーションを使用しており、好評を博している様子であった。

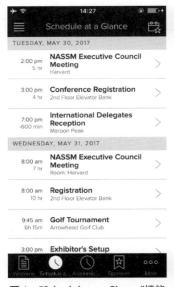
図1　"Schedule at a Glance"機能

図2　"Academic Program Schedule"機能

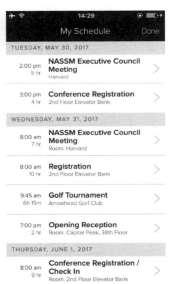
図3　"My Schedule"機能挿入

2. Student Mentor Initiativeについて

　NASSMにおいて近年開催されている"Student Mentor Initiative"というプログラムについて紹介したい。本プログラムは、学部生や修士課程の学生を対象に、主に博士課程の学生や若手研究者との繋がりを学会期間中に提供するという、学生委員会主催のイベントである。参加したい学生は、自分の所属や学年、関心のある研究分野を事前に登録すると、学生委員会が行ったマッチング結果に基づいて、学会期間中に若手研究者や博士課程の学生と直接話すことができる機会を設けてくれる。自身の研究はもちろんのこと、進路選択の相談にも非常に有用であるため、特に北米への進学

を志す学生はぜひ活用することを進言したい。

おわりに

　本稿では、北米スポーツマネジメントの研究動向として、2017 年度大会で発表件数が最も多かったマーケティング分野、及び、近年注目を集める開発のためのスポーツ分野を紹介した。また、学術的な研究発表だけでなく、学会大会の運営やプログラムについても特徴的な点を紹介した。これらの情報提供が、多くの研究者や学生にとって、有益となれば幸いである。

　2018 年の NASSM は、カナダのノバスコシア州ハリファックスにて 2018 年 6 月 5 日から 6 月 9 日にかけて開催される予定である。ハリファックスはカナダ大西洋岸地方最大の文化・経済都市であり、マリンスポーツが盛んな地域である。日本からも多くの研究者や学生が参加され、活発な情報収集や情報交換がされることを期待したい。

図4　日本人参加者で記念撮影

【引用文献】

Clutterbunk, R. and Doherty, A. (2017) Sport for Development in Canada: Perspectives from National Sport Organization Leaders. 20-minute oral presentation at the 32nd North American Society for Sport Management Conference, Denver, CO, USA.

Hanna, C., Greenwell, T. C. and Hambrick, M. (2017) Evvaluating Minor League Baseball Social Identity and Brand Equity. 20-minute oral presentation at the 32nd North American Society for Sport Management Conference, Denver, CO, USA.

Heere, B., Breitbarth, T, Xing, X., Jones, A., Paramio-Salcines, J. L., Yoshida, M. and Derom, I. (2017) Using Hallmark Sport Events to Internationally Brand Your City: Measuring the Effects of the Tour de France on the Brand of the City of Utrecht in Nine Different Nations. 20-minute oral presentation at the 32nd North American Society for Sport Management Conference, Denver, CO, USA.

Lee, M., Yu, H. and Lee, D. H. (2017) Sport Brand Extension Evaluations: A Case study of Nike Golf and TaylorMade Golf. 20-minute oral presentation at the 32nd North American Society for Sport Management Conference, Denver,

CO, USA.

Medeiros, S. and Chard, C. (2017) Understanding the Brand Associations Attached to U sports by Former NCAA & Current U Sports Student-Athletes. 20-minute oral presentation at the 32nd North American Society for Sport Management Conference, Denver, CO, USA.

Peachey, J. W., Burton, L. and Wells, J. (2017) Comparing Servant and Transformational Leadership and Their Relationship to Organizational Effectiveness in the Sport for Development and Peace Context. 20-minute oral presentation at the 32nd North American Society for Sport Management Conference, Denver, CO, USA.

Svenson, P. and Hambrick, M. (2017) NOLA Sport for Community Coalition: A Mixed-Method Study of the Nature of Inter-Organizational Relationships in a Collaborative Sport for Development Initiative. 20-minute oral presentation at the 32nd North American Society for Sport Management Conference, Denver, CO, USA.

■国際会議レポート

アジアスポーツマネジメント学会 2017 年度大会
The 13th Asian Association for Sport Management Conference

姜泰安（早稲田大学大学院スポーツ科学研究科）
増田渉（早稲田大学大学院スポーツ科学研究科）

1. はじめに

アジアスポーツマネジメント学会（Asian Association for Sport Management: 以下、AASM と略す）の第 13 回大会が、2017 年 7 月 20 日（木）から 22 日（土）の 3 日間にわたり韓国の江原道にある龍平（ヨンピョン）リゾートで開催された。首都ソウルから高速バスで 3 時間ほどの龍平リゾートは、2018 年平昌冬季オリンピック・パラリンピック（以下、平昌冬季五輪と略す）の開催地である平昌郡に位置する。日本で大ブームとなった韓流ドラマ「冬のソナタ」のロケ地としても知られるこのリゾートでは、平昌冬季五輪のアルペンスキーが実施される予定である。

本大会では「Olympic Movement and the Development of Sustainable Sport Industry in Asia」というテーマが掲げられ、開催国の韓国のほか、台湾、日本、シンガポール、マレーシア、タイ、香港、米国の、計 8 の国と地域からの参加者により研究発表が行われた。日本からは早稲田大学の原田宗彦氏、順天堂大学の小笠原悦子氏など、総勢 19 名の研究者と大学院生が参加した（写真 1 参照）。参加者による口頭発表とポスター発表のほか、大会テーマに沿った基調講演や特別レクチャー、そしてオリンピック施設の見学ツアーが設けられ、およそ半年後に迫った平昌冬季五輪を意識したプログラム構成となっていた（表 1 参照）。また、大会 2 日目に行われたウェルカム・パーティーでは韓国の伝統的なパフォーマンスも披露され、現地の文化を感じさせる演出が大会の盛り上げに一役を担っていた。

AASM 学会大会は 2002 年にソウルで開かれた第 1 回大会から始まり、北京、東京、バンコク、台北などのアジア主要都市を中心に開催されてきた（本間・棟田，2016）。第 13 回となった本大会は、第 1 回以来の韓国での開催であった。

2. 基調講演

本大会では、大会 2 日目と 3 日目に 1 題ずつ、計 2 題の基調講演が行われた。2 日目に実施された開会式に続き、まずは Yonsei University（韓国）の Dr. Kwang Min Cho より「Sustainable Winter Olympics : Another Story（持続可能な冬季オリンピック：もう一つのストーリー）」と題した講演があった。Dr. Cho は、冬季オリンピック開催を成功させるための要因として、①良い競技成績、②観客の熱狂、③参加者すべての安全、④全国での経済効果、⑤大会後の施設利活用の 5 点を挙げた。その上で、地球温暖化や気候変動などの問題が、雪の確保や氷の製造、開閉会式の進行、観客数などにも悪影響が出る恐れがあると指摘し、これらの問題への対策も成功に必要な新たな要因である

ことを強調していた。平昌冬季五輪も気温上昇による雪不足などに悩まされており、雪の貯蔵など対策をとっていることが紹介された。冬季オリンピックの存続が脅かされればウィンタースポーツの市場価値を下げることになりかねず、SEWS（Save Earth and Winter Sports）キャンペーンの実施などを通じ、その価値を守っていくことが重要であるとの考えが示された。

　3日目には、日本スポーツマネジメント学会会長である原田宗彦氏（早稲田大学）より、本大会のテーマとも一致する「Olympic Movement and the Development of Sustainable Sports Industry in Asia

写真1　日本からの参加者

表1　大会概要

7月20日（木）		7月21日（金）		7月22日（土）	
		8:30	Registration	10:00	Keynote 2: "Olympic Movement and the Development of Sustainable Sports Industry in Asia"
		10:00	Opening Ceremony		
		10:30	Keynote 1: "Sustainable Winter Olympics: Another Story"		
		11:20	Coffee Break	10:50	Coffee Break
		11:30	Special Lectures on Olympic Games	11:30	Poster Presentation
12:00	Luncheon	12:30	Lunch	12:30	Lunch
		13:30	Oral Presentation Session 1		
14:00	EC Meeting	15:30	Coffee Break	14:00	Olympic Facility Tour
		15:50	Oral Presentation Session 2		
18:00	Dinner	18:10	Break	18:00	Break
		18:30	Welcome Party	18:30	Farewell Party

(オリンピック・ムーブメントとアジアにおける持続可能なスポーツ産業の発展）」という題目で講演が行われた。原田氏は訪日外国人の数が急速に伸びていることを指摘したうえで、今後は「モノ（商品）」よりも「コト（経験）」の需要が高まっていくとの認識を示した。また、平昌 2018、東京 2020、北京 2022 と東アジアでのオリンピック開催が連続することに加え、2019 年ラグビーワールドカップ、2021 年ワールドマスターズゲームズと日本でも大規模国際スポーツ大会が続くことが、アジアのスポーツ産業が今後飛躍するきっかけになることへの期待が示された。オリンピック開催による負の側面に注目が集まり、招致に乗り出す都市が減少している現状で、中国をはじめ膨大な人口を抱えるアジア諸国においてスポーツ産業を拡大していく意義が語られた。

3. 特別レクチャー

　大会 2 日目は基調講演に引き続き、「Special Lectures on Olympic Games」と題して平昌冬季五輪に関する特別レクチャーが行われた。講師として International Sports Diplomacy Institute（韓国）の Prof. Rocky Kang-Ro Yoon と、平昌冬季オリンピック・パラリンピック競技大会組織委員会（PyeongChang Organization Committee for the 2018 Olympic and Paralympic Winter Games：以下、POCOG と略す）でスポンサーシップ業務の指揮を執る Dr. Jiyoon Yoonie Oh が登壇した。

　まずは Prof. Yoon より、平昌冬季五輪の招致成功までの経緯や開催概要が紹介された。加えて、日中韓 3 か国で夏季・冬季オリンピックが 3 大会連続して開催されること、夏季オリンピック・冬季オリンピック・FIFA ワールドカップ・世界陸上競技選手権大会という 4 つのメガスポーツイベントを全て開催するのは韓国が世界で 5 か国目であることが紹介され、韓国やアジアがスポーツの「新たな地平」になると強調された。その他、ICT 技術の活用や幅広い世代が楽しめる文化プログラムの提供など、平昌冬季五輪の特徴が紹介された。

　続いて Dr. Oh から、POCOG が実施するマーケティングプログラムの紹介が行われた。国際オリンピック委員会のワールドワイド・パートナー 13 社に加え、韓国国内のみのスポンサーとして約 50 社が POCOG を支えていることが説明された。スポンサーの権利として、マスコットや大会ロゴ・写真など「知的財産権」の使用、大会関連施設での「企業名の露出」、ウェブサイトでの「企業名の掲載」、ライブサイトの運営などの「プロモーション権利」、関係者パスの発行やチケット・宿泊の手配などの「おもてなし」、大会に商品を提供する「サプライヤー権利」、そしてアンブッシュマーケティングへの対策などの「マーケティングサポート」の計 6 項目が中心となっていることが紹介された。

4. 一般研究発表

　本大会の一般研究発表は 96 題が行われ（表 2 参照）、前回大会（2016 年）での 87 題に比べ増加していた（城殿ほか，2017）。本大会が平昌冬季五輪をテーマとしており、オリンピック施設の見学もできることが、アジア諸国からより多くの発表者を集める魅力的な要因であったと考えられる。一般研究発表の内、大会 1 日目の午後に 49 題の口頭発表が行われ、2 日目の午前に 47 題のポスター発表が行われた。本大会における国・地域別研究発表件数を見ると、開催国である韓国が最も多く（34 件）、続いて台湾（24 件）、日本（12 件）となっていた。この順番は前回大会と同様の傾向であり、近年アジアで最も活発に研究が行われている国々として見なすことができるであろう。また、本学会の歴代大会ではあまり聞くことができなかった米国からの研究発表が 4 件あったが、米

表 2　国・地域別研究発表件数

国名	2016 年	2017 年
韓国	30 (34.5%)	34 (35.4%)
台湾	20 (23.0%)	24 (25.0%)
日本	9 (10.3%)	12 (12.5%)
シンガポール	0 (0.0%)	7 (7.3%)
マレーシア	6 (7.0%)	7 (7.3%)
タイ	6 (7.0%)	4 (4.2%)
香港	2 (2.2%)	4 (4.2%)
米国	0 (0.0%)	4 (4.2%)
ベトナム	12 (23.0%)	0 (0.0%)
フィリピン	2 (2.2%)	0 (0.0%)
合計	87 (100.0%)	96 (100.0%)

† 国籍ではなく、所属の国を表す
†† 2016 年における発表件数は、城殿ほか（2017）から引用した

国所属の韓国人研究者が、母国開催の本大会で研究発表を行ったのであろうと著者名から読み取れる。日本からの研究発表は 12 題が行われており、全てが口頭発表であった。一般研究発表の内、優れた発表に対する「優秀発表賞」の表彰が行われたが、日本からは 3 題が受賞の栄光を浴した（早稲田大学の押見大地氏、東洋大学の山下玲氏、順天堂大学大学院の三倉茜氏；発表タイトルは、表 3 参照）。

　本大会で行われた研究発表を分野別にまとめると、表 4 のような「9 カテゴリー」で示すことができる。これは棟田（2015）により作成され、その後 AASM の大会レポートにおいて引用されてきたカテゴリーである（城殿ほか，2017; 本間・棟田，2016）。最も多かった研究分野は、マーケティング（Marketing）とマネジメント／リーダーシップ（Management / Leadership）であった。それぞれ 30 題と 27 題が発表されており、前大会と同様、AASM 学会大会における最も活発な研究分野であると言える。マーケティング研究の内、7 件（23.3％）がスポンサーシップに関する研究であった。スポンサーシップに関する研究は、スポーツ産業化がとりわけ進んでいる米国では最も行われている研究領域であるが（浅田・隅野，2015）、アジアにおいては比較的少数である。しかし本大会で多くの発表が行われたことから、アジアにおいてもスポンサーシップ研究への注目度が高まっていると推測できる。参加者から特に注目を集めていたスポンサーシップ研究発表は、Kwon & Baeck と Ahn et al. であった。両研究とも「スポンサーフィット」という概念を用いて行われた研究である。Kwon & Baeck は、スポンサー企業とスポンサードされるスポーツイベントの間における類似性（スポンサーフィット）が高い場合、スポーツイベントに対して消費者が抱く好意の度合がそのままスポンサーへの行為に転移され、スポーツイベントに対して好意的な感情を持っている消費者はスポンサーにも好意的な印象を抱くことを証明している。さらに、この類似性による転移の過程は、スポンサーからスポーツイベントに対しても同様に起こることも明らかにしている。Ahn et al. も、スポンサーフィットの高い場合はスポンサーに対する消費者の肯定的な評価がもたらされることを証明しているが、その評価は、消費者とスポンサードされるスポーツ組織との関わりの度合いによって異なることを測定し、提言している。「スポンサーフィット」はスポンサーシップ効果の検証において不可欠で、今後も更なる検討が必要な概念である（Cornwell, 2014）。前述の 2 つの研究分野以外にも、教授法（Teaching / 7 件）、ガバナンス（Governance / 6 件）、スポーツツーリズム（Sport Tourism / 6 件）、組織論／組織文化（Organizational Theory / Culture / 6 件）など、

表3 日本からの研究発表

発表タイトル	発表者
Effects of hosting international sporting events on city branding from the dual perspectives of host residents and people outside the host city	早稲田大学 押見大地
Motivational difference of attending a sporting event: comparison of local residents and non-residents	東洋大学 山下玲
Regional football club management that fulfilled entry of the J3 league	順天堂大学大学院 永井淳悟
Analysis of perception to athlete's career in Japanese cycling	順天堂大学大学院 城殿ひろみ
The influence of team brand associations on intention to watch future games	早稲田大学大学院 安邦
Development of survey items for promoting participation in sport and physical activity for girls and women	順天堂大学大学院 目良夕貴
The effects of social impacts of the triathlon competition on host residents expectations and support	早稲田大学大学院 高齋敏
How to convince your university president to invest intercollegiate sport: a case study on "t" university intercollegiate teams in Japan	帝京大学 伊藤克
Characteristics of college rugby football spectators: focusing on the relationships between spectators and universities	早稲田大学大学院 増田渉
A qualitative approach; what do Triathlete seek as a spectator?: focusing on socialization aspects	仙台大学 弓田恵里香
Examining the antecedent and consequence factors of fan community identification in women's Japan Basketball League	順天堂大学大学院 藤井翼
The career decision process of Japanese women basketball players	順天堂大学大学院 三倉茜

† 全員口頭発表である

表4 分野別研究発表件数

分野	2016年	2017年
マーケティング (Marketing)	20 (23.0%)	30 (31.3%)
マネジメント／リーダーシップ (Management / Leadership)	27 (31.0%)	27 (28.1%)
教授法 (Teaching)	6 (6.9%)	7 (7.3%)
ガバナンス (Governance)	0 (0.0%)	6 (6.3%)
スポーツツーリズム (Sport Tourism)	2 (2.3%)	6 (6.3%)
組織論／組織文化 (Organizational Theory / Culture)	12 (13.8%)	6 (6.3%)
コミュニケーション (Communication)	7 (8.0%)	4 (4.2%)
法的問題 (Legal Aspects)	1 (1.1%)	3 (3.1%)
経済学／金融論 (Economics / Finance)	2 (2.3%)	2 (2.1%)
その他 (Others)	10 (11.5%)	5 (5.2%)
合計	87 (100.0%)	96 (100.0%)

† 2016年における発表件数は、城殿ほか（2017）を参考に作成した

様々な分野における研究発表が行われた。

　日本からの研究発表をそれぞれの分野別に見ると、マーケティングが5件、マネジメントが4件、スポーツツーリズムが2件、コミュニケーションが1件であり（表3参照）、本大会全体における傾向と同様の内訳であった。

5. オリンピック施設ツアー

　大会3日目の午後は、平昌冬季五輪競技会場の施設見学ツアーが実施された。60名超の参加者が2グループに分かれ、POCOGスタッフのガイドのもとで施設を見学した。

　最初に訪れたのは、アルペンシア・リゾートのスキージャンプセンターである（写真2参照）。競技のスタート地点となるジャンプ台頂上は展望台になっており、平昌の山並みや、ボブスレー、リュージュ、スケルトンの会場となるスライディングセンター、メインプレスセンターとなるホテルを一望することができた。ジャンプの着地地点はサッカーのスタジアムとなっており、地元のプロサッカーリーグクラブである「江原FC」のホームスタジアムとして活用されているのが特徴的であった。また観客スタンドの下には博物館があり、韓国のウィンタースポーツやオリンピックでの歩みが紹介されていた。

　続いて、平昌郡からバスで40分程離れた江陵市へ移動した。平昌冬季五輪ではスキーなどの雪上競技が「平昌マウンテンクラスター」で行われるのに対し、フィギュアスケート、アイスホッケーなどの氷上競技は「江陵コースタルクラスター」に整備されたオリンピックパークを中心に開催される。パーク内には3つのアリーナが新設されており、今回は「江陵スピードスケート競技場」とアイスホッケー会場の「江陵ホッケーセンター」を見学した。リンクの品質を保つための温度調節や施設内のWi-Fi整備などのシステムについての紹介があった他、パーク内に競技観戦チケット無しで入場可能な広場が設けられ、大会盛り上げの一助になるような仕組みを計画していることが

写真2　競技会場の一つであるスキージャンプセンターでのツアー参加者

特徴的であった。

　龍平リゾートへの帰路では、平昌の市街地も車窓から見ることができた。完成間近のオリンピックスタジアム（開閉会式会場）や道路沿いに設置されたマスコットなどからホストシティーであることを感じさせられるものの、街全体の雰囲気や高揚感は、これから高めていこうという印象であった。

6. まとめ

　本大会は、「Olympic Movement and the Development of Sustainable Sport Industry in Asia」というテーマで、2018年平昌冬季五輪の開催地である韓国平昌郡の、龍平リゾートで開催された。基調講演では、冬季オリンピック開催の成功に向け、短期的な効果創出のみならず持続可能な遺産（レガシー）を作ることが重要であるとDr. Choは述べ、原田氏は東アジアでのオリンピック開催が連続することにより東アジアへ訪問する外国人の急増することに焦点を当て、「モノ（商品）」より「コト（経験）」を与えられるオリンピック開催にすべきであることを強調した。また特別レクチャーでは、平昌冬季五輪と深く関わっている2名の講師（Prof. Yoon, Dr. Oh）により、平昌冬季五輪の招致成功までの経緯や開催概要、オリンピックスポンサーシップの概要について紹介された。これらの講演とレクチャーは本大会の趣旨を深めるともに、大会3日目にあった「オリンピック施設ツアー」への参加者の理解度を高めていた。POCOGは持続可能なオリンピック開催の一環として、開催期間中の環境管理および社会的責任を促進するための取り組みを実施しており、その報告書を2018年の終わりまでに発表する予定である（2018年平昌冬季オリンピック・パラリンピックサステナビリティ，2017）。このような取り組みは、2020年東京オリンピック・パラリンピックを含めメガスポーツイベントを開催する地域において参考にできるであろう。

　一般研究発表の分野は、前回大会と同様にマーケティングとマネジメント／リーダーシップが最も多かった。マーケティング分野は、スポーツ産業化が進んでいる米国でも最も多く行われている研究領域であるが（浅田・隅野，2015）、アジアにおいてもスポーツが一つの大きな産業として見なされており、スポーツ消費者の需要を満たすためのマーケティング思考が求められていると言える。米国とは異なる文化が根付いているアジアのスポーツ消費者の心理や行動をさらに検証することにより、AASM学会大会の質を上げるとともに、アジア圏におけるより優れた研究成果を出すことができるであろう。

　なお次回のAASM学会大会は、2018年の夏にフィリピンで開催される予定である（アジアスポーツマネジメント学会，2017）。

【参考文献】
- Ahn, J., Lee, J., & Kang, J. (2017) "The war of the giants": Does endorsement mismatch really matter?. Paper presented at the 13th Asian Association for Sport Management Conference. Yongpyong Resort, Republic of Korea.
- 浅田瑛・隅野美砂輝 (2015) 北米スポーツマネジメント学会2014年度大会．スポーツマネジメント研究，7 (1)，39-43．
- Cornwell, T. B. (2014) Sponsorship in marketing: Effective communication through sports, arts and events, Routledge.
- 城殿ひろみ・藤井翼・三倉茜・目良夕貴・矢野直香 (2017) アジアスポーツマネジメント学会2016年度大会．スポーツマネジメント研究，9 (2)，40-44．
- Kwon, H. H., & Baeck, J. (2017) Bidirectional image transfer: Empirical evidence of reverse image transfer in

sponsorship. Poster presented at the 13th Asian Association for Sport Management Conference. Yongpyong Resort, Republic of Korea.
- 本間崇教・棟田雅也（2016）アジアスポーツマネジメント学会2015年度大会．スポーツマネジメント研究，8（1），39-43．
- 棟田雅也（2015）アジアスポーツマネジメント学会2014年度大会．スポーツマネジメント研究，7（1），44-50．

【参考URL】
- アジアスポーツマネジメント学会ホームページ http://asiansportmanagement.com/2017/09/15/aasm-conference-2018/（2017年9月15日アクセス）
- 2018年平昌冬季オリンピック・パラリンピックサステナビリティホームページ https://www.pyeongchang2018.com/en/sustainability（2017年10月25日アクセス）

■国際会議レポート

ホスピタリティ・ツーリズム・スポーツマネジメント
国際学会 2017 年度大会
International Conference on Hospitality, Tourism, and Sports Management 2017

和田由佳子（立命館大学）

はじめに

　ホスピタリティ・ツーリズム・スポーツマネジメント国際学会（International Conference on Hospitality, Tourism, and Sport Management: HTSM）が、2017 年 8 月 16 日から 18 日まで、東京都千代田区にある都市センターホテルにて開催された。HTSM は Global Academic-Industrial Cooperation Society（GAICS）に所属する国際学会の 1 つで、GAICS には、HTSM の他に教育系の国際学会（International Conference on Education and Learning: ICEL）、ビジネス・ソーシャルメディア系の国際学会（International Conference on Business, Internet, and Social Media: BISM）、エンジニア系の国際学会（International Conference on Engineering, Science, and Applications: ICESA）が所属している。HTSM の会長である Dr. Richard Hsiao によると、GAICS は台湾の研究者と実務者を中心に展開される学会で、昨年初めて HTSM、ICEL、ICESA、BISM による GAICS の国際合同会議が開催され、本大会は、GAICS と HTSM ともに 2 回目の国際学会ということである。

　本大会の主たるプログラムとして、8 月 16 日午前中の皇居見学（自由参加）に始まり、午後は、オープニングセレモニー、キーノートスピーチ、優れた研究に対する表彰、ウェルカムレセプションが行われた。8 月 17 日と 18 日は、朝から夕方まで 4 学会それぞれの一般研究発表であった。なお、

写真 1　各学会のフラッグ

写真 2　原田宗彦教授

写真 3　松岡宏高教授

本大会では、日本スポーツマネジメント学会の会長である早稲田大学の原田宗彦教授がキーノートスピーカーとして登壇され、同大学の松岡宏高教授がローカルチェアを務められた。

一般研究発表

　GAICS の発表によると、アブストラクトの提出は、45 ヵ国から 416 題あり、GAICS 全体での採択率は約 76% とのことである。そのうち、学会への参加者数は 43 ヵ国から約 200 人とのことであった。本稿では、HTSM のみに焦点を当て、一般研究発表の報告を行いたい。HTSM では、87 題のアブストラクトの提出があり、採択率は約 78% とのことであった。大会のプログラムを参考に

参加国と発表数を集計したところ、本大会における一般研究発表は、ポスター発表を含めて14ヵ国から48題であった。

HTSMの口頭発表は、「スポーツマネジメント＆ツーリズム」、「ホスピタリティ」、「ツーリズム」の3セッションに大別されていた。日本スポーツマネジメント学会の会員による一般研究発表は、スポーツマネジメントやスポーツマーケティングの研究領域となるが、本大会では「スポーツマネジメント＆ツーリズム」ではなく「ホスピタリティ」や「ツーリズム」に分類されている場合もみられた。そのことを一言補足し、各セッションの国別発表題数を表1に示す。

「スポーツマネジメント＆ツーリズム」と「ホスピタリティ」はともに9題ずつで、「ツーリズム」が最多の18題であった。残りの12題はポスター発表であった。筆者の印象ではあるが、大学院生よりも研究者による研究発表が数多く見受けられた。日本からは日本スポーツマネジメント学会の会員を中心に、ポスターを含め7題の発表があった（表2）。

「スポーツマネジメント＆ツーリズム」のセッションでは、日本、台湾、イスラエル、アメリカ、トルコからの発表があり、スポーツチームの収入あるいは財政面に関係する研究やスポーツ組織におけるソーシャルメディアの活用に関する研究がみられた。「ポスター発表」におけるスポーツマネジメント領域の研究は、レジャースポーツの安全を確保するためのライセンス制度導入への提言や、バスケットボールのシュートの決定要因の検討をはじめ、スポーツ健康科学系やスポーツバイオメカニクス系の研究もあった。

「ホスピタリティ」のセッションでは、レストランやホテルに対する消費者の選択要因や、ホテルやエアラインの従業員の心理的側面を検討する研究がみられた。2013年のIOC総会における、2020年オリンピック・パラリンピック招致のプレゼンテーションで注目された「O・MO・TE・NA・SHI」は、日本人のもつホスピタリティを世界に印象づけるワンフレーズであった。スポーツマネジメント領域においては、スポーツの人々や社会に対する社会的・経済的効果や、エンタテインメント産業としてのスポーツ消費行動への関心は高い。また、スタジアムにおけるサービスクオリティの研究も多数みられる。しかしながら、サービスやエンタテインメントの提供に取り組む

表1　HTSMの国別発表題数

国名	SM&T	Hospitality	Tourism	ポスター	発表数	％
台湾	1	4	5	8	18	37.5
日本	4	1	1	1	7	14.6
タイランド	--	--	5	--	5	10.4
トルコ	2	2	--	--	4	8.3
イラク	--	--	1	2	3	6.3
マレーシア	--	1	1	--	2	4.2
アメリカ	1	--	1	--	2	4.2
インドネシア	--	--	1	--	1	2.1
マカオ	--	1	--	--	1	2.1
インド	--	--	1	--	1	2.1
イスラエル	1	--	--	--	1	2.1
エクアドル	--	--	1	--	1	2.1
スペイン	--	--	--	--	1	2.1
ポーランド	--	--	1	1	1	2.1
合計	9	9	18	12	48	100.0

†SM&T: スポーツマネジメント＆ツーリズム

表2 HTSMにおける日本からの一般研究発表

タイトル	発表者・共同研究者（所属）
The Relationship Between Team Performance and Revenue In case of the J. LEAGUE	Keita Iizuka (Waseda University) Munehiko Harada (Waseda University)
Differences in Demographics and Team Brand Associations Among Different Social Media Followers	Bang An (Waseda University) Munehiko Harada (Waseda University)
Consideration on the issue of town planning at venue of International Sports Event - The case of Kamaishi city, Iwate prefecture, Japan hosting the Rugby World Cup 2019-	Motohiro Iwatsuki (Kaetsu University)
A Study of Comparing Business Model Campus and BSC by Management Model for J League Team	Hiroyuki Takagi (Management Research Institute) Motohiro Hayashi (Gifu Football Club Co., Ltd.)
Peripheral Factors Affecting the "Away" Spectators	Rei Yamashita (Toyo University) Munehiko Harada (Waseda University)
The Interactive Role of Perceived Value of Ticket Price and Team Identification in Behavioral Intention: Collecting Data at the Rugby Stadium	Tae-Ahn Kang (Waseda University) Hirotaka Matsuoka (Waseda University) Yukako Wada (Waseda University)
Comparison of Spectators' Psychological Connection and Behavioral Intentions: Focusing on Attendance Frequency	Yukako Wada (Waseda University) Hirotaka Matsuoka (Waseda University) Daichi Oshimi (Waseda University)

† 「タイトル」は原文のまま　†† 「（所属）」は発表時の所属先

スポーツ組織の構成員に求められる資質や、従業員の心理的側面に着目した研究が盛んに行われているとは言い難い。サービス業におけるホスピタリティを専門とする研究者たちの視座は、今後スポーツマネジメント領域でも参考となるものと考えられる。

「ツーリズム」のセッションでは、観光客の訪問動機や、観光客を増加させるための地域の自然や遺産、人材といった資源の有効的な利用方法、地域を活性化させるために観光客を誘致する施策の検討や取り組みの紹介などがみられた。原田宗彦教授のキーノートスピーチにおいて紹介されたように、「スポーツツーリズム」という研究分野の主たる関心は、スポーツによって人を動かすとともに、地域を活性化させる仕組み作りの検討およびスポーツとスポーツによる観光の振興である。そのため、メガスポーツイベントのみならず、地域で開催される様々なスポーツイベントの社会的効果や、スポーツ観戦やスポーツイベントへ参加が旅の主たる目的であるスポーツツーリストが研究の対象である。しかしながら、スポーツマネジメント領域以外の研究者からは、「遺産などと違って、スポーツのイベントは一日で終わるものも多い。スポーツイベントで街や観光の振興策になるのか」といった意見が挙がった。これに対してスポーツマネジメント領域の研究者からは、スポーツイベントそのものやスポンサーなどによる地域や国にもたらす社会的・経済的効果の重要性が繰り返し熱心に説明された。また、スポーツマネジメント領域では、観戦者行動におけるコアプロダクトは勝敗によって左右され、コントロールが不可能なプロダクトとして取り上げられるが、他領域の研究者からは、「試合では、プロダクトのどれぐらいの割合でコントロールが可能な部分と不可能な部分に分けられるのか」といった質問が寄せられた。スポーツマネジメント領域のみにとどまらない合同学会の場では、研究発表を通じてスポーツツーリズムやスポーツ観戦行動のプロダクトの特異性や有用性を積極的に発表していく必要があるだろう。

おわりに

本大会は、学会ごとに会議室が分かれているものの、各学会に自由に参加することが可能であっ

た。また、キーノートスピーチやコーヒーブレイク、ランチタイムは 4 学会の参加者が同じ会議室に集うため、HTSM 以外の学会参加者との交流が可能であった。英語を母国語としない参加者が大半を占めるが、参加者たちの語学およびコミュニケーション力は非常に高いように見受けられた。

　今夏、東京都心は連日雨に見舞われ、本大会の開催中も青空を見ることはできなかった。本大会の最初のプログラムである皇居のウォーキングツアーも大雨の中実施されたが、ウォーキングツアーそのものには、本大会の参加者以外の外国人が多数参加していた。2020 年にオリンピック・パラリンピックを迎える東京での学会開催ということで、学会参加者たちの「Tokyo」への関心も高く、様々なコミュニケーションの中で、国によって我が国の文化や物価に対する価値観の違いが垣間見られた。そのため、個人的には 2019 年からメガスポーツイベントを迎える我が国において、我々ホスト国のスポーツマネジメントに関わる者たちが、スポーツのみならず日本の文化や経済を丁寧に説明できる知識や感性も必要だと感じる大会となった。

　本稿の締めくくりとして、先に紹介した HTSM の会長である Dr. Richard Hsiao に今後の GAICS および HTSM の将来像や、日本のスポーツマネジメント領域で学ぶ日本の学生たちへのメッセージを伺ったので紹介したい。GAICS では、 4 学会の連携を図りながら学術と産業を結び付け、研究者と実務者がともにそれぞれの専門領域を活性化させること目的に、今後も国際合同会議を開催する意向である。また、GAICS の一部門を担う HTSM 単独では、スポーツマネジメント領域は、レジャーやレクリエーションをはじめ、ホスピタリティなど研究対象は非常に広いため、将来的には、日本スポーツマネジメント学会やアジアスポーツマネジメント学会と連携を図り、一つのプラットフォームを形成させていけるように発展させていきたいとのことであった。スポーツマネジメントを学ぶ日本の学生たちに対しては、学会には研究者同士の交流、それぞれの発表から新たなアイディアや知見を得るなど、様々なベネフィットや学びが数多くあることから、是非積極的に学会に参加してほしいとのことである。

写真 4　日本スポーツマネジメント学会からの参加者

■国際会議レポート

オーストラリア・ニュージーランド・スポーツマネジメント学会2017年大会
The Sport Management Association of Australia & New Zealand 2017

醍醐笑部（早稲田大学）

　2017年11月28日から12月1日、オーストラリアクイーンズランド州にあるゴールドコーストにてSport Management Association Australia and New Zealand（通称SMAANZ）の2017年大会が開催された。SMAANZ2017大会の会場はグリフィス大学ゴールドコーストキャンパスおよび、サーファーズパラダイスに位置するMantra on Viewであった。この時期のサーファーズパラダイスは、スクーリーズ（正式にはSchool Leaves）といって卒業を控えた高校生達が卒業を祝いにゴールドコーストにやってくるためとてもにぎやかである。きっと日本からの参加者もこの異様な光景に学会参加前からカルチャーショックを受けたに違いない。

　筆者は2016年9月から2017年12月まで今回の主管校であるGriffith University（以下、グリフィス大学）のDepartment of Tourism, Sport and Hotel ManagementおよびGriffith Business SchoolにVisiting Scholarとして在籍し、研究活動に従事する傍らSMAANZ2017にむけた準備・当日の運営にもグリフィス大学のスタッフとして参画した。こうした経験を踏まえて本稿にてSMAANZ2017についての報告を行う。

1. HDR student workshop（11月29日）

　主に大学院生に向けたスチューデントワークショップであったが、筆者を含め数名のポスドク研究者も参加した。日本の大学院生の参加がなかったのが残念であったが、20名以上の学生がオーストラリア・ニュージーランド以外にもアメリカ、シンガポール、マレーシアなど世界各国から参加していた。Publishing sessionではSport Management Review（SMR）の編集長であるProf. George Cunninghamから論文の執筆に伴う課題、Industry sessionでは同じくSMRの編集委員であるDr. Sheranne Fairleyからアカデミア以外との共同研究の仕方について講演があった。最後に、3名のポスドク研究員からPanel sessionとしてキャリアについてのディスカッションが設けられ活発な意見交換がなされた。ランチやティタイムが十分に用意されており、大学院生とポスドクらとのネットワークづくりとしてもとても楽しく有意義な時間であった。

2. 研究発表（11月30日－12月1日）

　30日からはさまざまな基調講演や研究発表が始まり、今年は日本からも大勢の参加があった。学会長A/Prof. Clare Hanlonによるウェルカムスピーチでは参加者の出身国が紹介され、例年を大きく上回り、かつニュージーランドに迫る日本からの参加者数に"Well done Japan!"というコメントがあったほどであった。その後、今年度の学会論文賞"The carbon foot print of active sport

表1

研究領域	発表数
Marketing	12
Gender	12
Sport for development	9
Event management	8
Governance	6
High performance	5
Fans and spectators	4
Social media	4
Olympics and mega events	4
Current issues in sport	3
Volunteering	2
Sport policy and development	2
Sport events	2
Mixed topics	2
Urban planning and sport	1
Enterpreneurship and social responsibility	1
EnLightening Talks	12

プログラムから筆者が作成

participants"（Dr Pamela Wicker）、スチューデント論文学会賞"The impact of civic duty and political cynicism on support for event intention to participate in a major sport event referendum"（Ms Mel Johnston）、2016年産業奨励賞"Moving from local to global: Engaging new connecting international tourists to local through professional sports"（Ms Eric C Schwarz）の研究発表があり、特にスチューデント論文の学会賞を授与された研究は産業界や行政を巻き込んだ3つの研究による大規模なものであった。研究発表は2日間を通して3ワークショップ、77の一般研究発表（表1参照）、12のエンライトニングトークが行われた。Gender および Gender in Sport と分類された研究が12に上り、スポーツ組織やスポーツ参加者におけるダイバーシティとダイバーシティマネジメントへの関心の高さがうかがえる。筆者は自身の関心から、Sport for development や Event management、Social media、Entrepreneurship and social responsibility のセッションに参加していたが、この分野ではドキュメントの分析とフォーカスグループインタビューを行っていたり、エスノグラフィーとテキスト分析を使用するなど複数の調査方法を組み合わせている研究が目立った。その反面、これまで目にした国際比較研究が少なかったように思う。エンライトニングトーク（EnLightening Talk）とは、通称 Pecha-Kucha スタイルと呼ばれ、その名の通り日本語の「ぺちゃくちゃ」をもじったプレゼンテーションスタイルである。スライド20枚、各20秒ずつの計6分40秒（スライドが自動的に切り替わっていく）で自身の研究トピックやアイデア、調査の結果などを端的にアピールする。ネイティブスピーカーでない我々にはなかなかチャレンジングな発表形式であるが（実際日本からの発表者はいなかった）、様々なトピックについて知ることができるだけでなく、一般発表よりも勢いがあるからか熱がこもっていて観客がインスパイアされる発表が多いように感じる。

3．ワークショップの紹介

SMAANZ2017では2日間で3つのワークショップが企画された。ひとつめは、High Performance のセッション内にて "Managing high performance sport: A new era of elite sports" と題し、ワールドカフェスタイルのワークショップが行われた。次に" Educational Programs for GC2018 and Tokyo2020" と題したワークショップでは、早稲田大学の木村和彦教授より東京におけるオリンピック教育の紹介をして頂いた。これは、筆者と木村教授が参加していた共同研究プロジェクト「スポーツプロデュース研究」（体育・スポーツ経営学会）を基に提案・企画されたもので、来年4月ゴールドコーストにて行われるコモンウェルスゲームズの教育プログラムと東京での現在の取り組みとプログラム評価の仕方について対比し、プレゼンテーション、参加者でのディスカッション、そして質疑応答が行われた。コモンウェルスゲームズの教育プログラムはすべて個人端末を使用することが前提

写真1　木村和彦教授によるプレゼンテーション

となっており、ワークショップでも参加者らが各自の携帯電話やラップトップを使用しクイズに参加するなどアクティブなワークショップを開催することができた。最後に、SMR editorial workshop として査読や出版物についての質問や意見交換がなされた。印象に残っているのは、参加者の中から「完璧な研究枠組みだけど未熟な英語の論文と、英語はネイティブでアカデミックだけど研究として未熟なもの、これはどうするべき？」（筆者の記憶が正しければ）という質問があった。編集者らは、「後者は明らかにリジェクトの対象であるが、前者もまた、それは（英語を直すこと）私たちの仕事じゃないね」という回答であった。

4．ソーシャルアクティビティ・カンファレンスディナー

SMAANZには毎年いくつかのソーシャルアクティビティが含まれている。今回は初日（29日）にゴルフ、30日にはLawn bowlsとBBQが企画された。後者のアクティビティには多くの日本人が参加し、ゴールドコーストらしい晴天とはいかなかったものの、曇り空の下Bowlsを楽しみイギリス文化の影響を強く受けたクラブの雰囲気を存分に感じ、オージーらしいBBQを堪能できたのではないかと思う。最終日のカンファレンスディナーでは、サンセットに合わせて展望台77階でのカクテルパーティーを楽しみ、その後ディナー会場に移動した。ディナーでは、マジシャンのパフォーマンスや学会の発展に大きく貢献したとして表彰されたProf. Kristine Toohey（グリフィス大学）の感動的なスピーチなど夜遅くまで盛り上がった。

5．さいごに

今回は16人にも上る日本からの参加者に加え、筆者を含むオーストラリアやニュージーランドからの日本人参加者があったことでSMAANZのボードメンバーらにインパクトを与えたと感じている。EASMやASAM同様に今後も継続した参加がなされ、その先には日本の研究者らとの共同

写真2　日本からの参加者で集合写真（11月30日午後に参加のメンバー）

研究などが増えることを期待している。来年はアデレードにある南オーストラリア大学にて行われる。

■国際会議レポート

実践スポーツマネジメント学会 2018 年度大会
Applied Sport Management Conference 2018

前田和範（高知工科大学）

1. はじめに

　2018年2月15日から17日にかけて、アメリカ合衆国テキサス州ウェーコ（Waco）に位置するベイラー大学にて、実践スポーツマネジメント学会2018年度大会（Applied Sport Management Association Conference 2018：以下ASMAと略す）が開催された。ASMAは、2005年から2015年までは、主にアラバマ州のトロイ大学などでSouthern Sport Management Association Conference（以下SSMAと略す）として開催されてきており、2016年以降、新しく設立されたApplied Sport Management Associationに引き継がれ、引き続き主にアメリカ南部を中心に開催されている（表1）。Applied（実践）というタイトルにもある通り、本学会は「研究者と実務家の強いつながりを構築すること」を目的としている学会であり、今年度の基調講演に登壇したNCAA（全米体育協会）Division I・ビッグ12カンファレンスのコミッショナー・Bob Bowlsby氏をはじめ、パネルディスカッションにも多岐にわたる実務家と研究者を招いて濃密なディスカッションが行われた。ASMAはアメリカにおける国内学会大会という色が強かったものの、特に海外からの若手研究者や実務家の参加を歓迎している面もみられ、アジア・中東・ヨーロッパからも集まった総勢143名の参加者によって、研究と実践に関する貴重な意見交換が行われた。

　会場となったベイラー大学は、ダラス・フォートワース空港より国内便を乗り継ぎ1時間程度のウェーコ・リージョナル空港から、車で約15分の場所に位置している。ベイラー大学は創立1845年のテキサスで最も歴史のある大学であり、スポーツにおいてはNCAA Division Iのビッグ12カンファレンスに所属する強豪大学である。特に、2014年に新調されたアメリカンフットボール専用のマクレーン・スタジアムは4万5千人超のキャパシティを誇るベイラー大学ベアーズの本拠地として、町の中心に流れるブラゾス川沿いに建設され、美しい景観をつくっている。

表1　過去の大会スケジュール

Year	Host	Conference	Year	Host	Conference
2005	Troy University, Troy, Alabama	SSMA	2012	Troy University, Troy, Alabama	SSMA
2006	Troy University, Troy, Alabama	SSMA	2013	Troy University, Troy, Alabama	SSMA
2007	Troy University, Troy, Alabama	SSMA	2014	Bridgestone Arena, Nashbille, Tennessee	SSMA
2008	Troy University, Troy, Alabama	SSMA	2015	Louisiana State University, Baton Rouge, Louisiana	SSMA
2009	Troy University, Troy, Alabama	SSMA	2016	Louisiana State University, Baton Rouge, Louisiana	ASMA
2010	Troy University, Troy, Alabama	SSMA	2017	Louisiana State University, Baton Rouge, Louisiana	ASMA
2011	Troy University, Troy, Alabama	SSMA	2018	Baylor University, Waco, Texas	ASMA

国際会議レポート

　今大会のスケジュールは表2の通りであり、初日はベイラー大学が擁するスポーツ施設を視察できるアスレティック・ファシリティ・ツアーからスタートした。735エーカーを誇る広大なキャンパスに点在するベイラー・ボールパーク（野球専用スタジアム）、ハード・テニス・センター（2,000人以上の観客を収容できる12面の屋外テニスコート）などの主要施設の他、サッカー専用スタジアム、ソフトボール専用スタジアムを経て、マクレーン・スタジアムを専用カートで回った。ガイ

写真1　マクレーン・スタジアム内のアメリカンフットボール専用ロッカールーム

表2　大会概要

2月15日（木）		2月16日（金）		2月17日（土）	
16:00-18:00	Registration/Packet Pickup	8:00-9:30	Work in Progress	8:00-10:00	Oral Presentations
16:30-18:00	Baylor Athletics Facilities Tour	8:00-10:00	Oral Presentations Teaching Roundtables	10:10-11:00	Teaching Roundtables Poster Presentations
18:30-21:00	Welcome Social	8:00-11:30	Case Study Competition	11:10-12:00	Panel 5 "Business Analytics in Sport"
		10:25-11:15	Panel 1 "Sponsorship in Sports"	12:00-13:30	Keynote Speach ASMA Awards Luncheon
		11:30-13:00	Panel 2 "Division I Athletics Directors" and Lunch	13:40-14:30	Panel 6 "Collegiate Athletic Fundraising"
		13:25-14:15	Panel 3 "Bowl Game Management"		
		14:30-15:20	Panel 4 "Women in College Sports"		
		15:30-17:30	Oral Presentations		
		18:00	Baylor Baseball Tailgate, vs. Purdue（雨天中止→ Social Party）		

ド役はすべてベイラー大学スポーツマネジメントコースの学生であり、そのきめ細やかな説明と対応から、教育の質の高さが伺えた。マクレーン・スタジアム内のスタジアムツアーでは、参加者は名門アメリカンフットボール部の大規模なロッカールームに息を飲み、実際にフィールドや記者会見ルーム、報道席などを視察した後、上階部に完備されているVIPルームにて行われたウェルカムパーティーに参加した。

2. 基調講演

今大会の基調講演は、NCAA Division I・ビッグ12カンファレンスのコミッショナーであるBob Bowlsby氏により行われた。講演のテーマは「巨大化する大学スポーツの現状と課題と将来について」であった。会場となったベイラー大学が所属するビッグ12カンファレンスは、NCAAの中でも上位に位置するカンファレンスでもあることから、パネルディスカッションや一般研究発表を通しても、大学スポーツに焦点を当てた議論が数多く見られた。

Bowlsby氏は、大学スポーツを「高等教育とアスレティックの両立を目指す極めて特異な存在」と位置づけ、その取り巻く環境の変化と課題を述べた。特に、「大学生アスリートはあくまでも一般学生である」ことを強調した上で、カンファレンス自体が巨額の資金を扱うことからも、ビジネス色を帯びる中での大学スポーツマネジメントの難しさを述べた。また、すでに多くのステークホルダーを巻き込んでいるカンファレンスマネジメントでは、一つ一つの企業との関係性も複雑化しているという外部課題に加え、カンファレンスに所属する大学ごとに特徴が異なるため、カンファレンス全体として得た便益がそれぞれの大学にとって等しく価値のあるものとは限らないことなど、内部課題も同時に存在していることにも焦点を当てた。

今後のカンファレンスの展望としては、テクノロジーの成長によって目まぐるしく変化するスポーツ消費者の消費環境を適切にとらえ、事業を最大化していく経済的側面にさらなる力を入れることはもちろん、むしろそれよりも社会的側面、つまりカンファレンス自体の社会的地位を高めることの優先順位を上げていくことが不可欠である、とBowlsby氏は語った。基調講演は最後に、「大学スポーツは、若者たちの人格を形成し、時に人種の壁をも無くすプラットフォームにもなり得る、社会的価値の高いものであることを表現し続けなければならない。今後もその公益性という観点を忘れてしまっては、ステークホルダーの理解は得られず、衰退の一途をたどってしまう。」という言葉で締めくくられた。

研究者との今後の連携に関しては、カンファレンスとしても、現場の声に即したリサーチデザインとその方法の継続的な開発に積極的に関わっていくとともに、それぞれの大学が「公正な大学スポーツ運営とは何か」という問いを立て続けることができるよう様々なサポートをしていきたいと述べられていた。現在、日本でも大学スポーツに関する動きは活発化しており、日本版NCAA設立の機運が高まっている。そうした中で、世界的にも大きなカンファレンスを束ねるコミッショナーによる基調講演は、参考となることが非常に多く有意義なものであった。

3. パネルディスカッション

本学会では、6つのパネルディスカッションが行われた。いずれも発表者は研究者と実務家の共同グループ、もしくは実務家で構成されていたものが多かったことも本学会の特徴と言えよう。内容は、「Sponsorship in Sport（スポーツスポンサーシップ）」「Division I Athletics Directors（NCAA

Division I アスレティックディレクター）」、「Bowl Game Management（アメリカンフットボールゲームマネジメント）」、「Women in College Sports（大学スポーツにおける女性）」、「Collegiate Athletic Fundraising（大学スポーツにおけるファンドレイジング）」、「Business Analytics in Sport（スポーツにおけるビジネス分析）」であった。その中から、本項では 3 つのセッションについて略説したい。
「Sponsorship in sport」では、ベイラー大学教授でスポンサーシップ・セールスのディレクターを務める Dr. Kirk Wakefield 氏がスポンサーシップ研究の動向を詳細に語るとともに、ベイラー大 IMG（インターナショナル・マネジメント・グループによる大学連携機構）の GM やテキサスクリスチャン大 IMG の GM、そして地元マイナーリーグ 3A 所属ラウンドロックエクスプレスの GM を招き、今後のスポーツスポンサーシップのあり方について議論された。中でも、基調講演でも語られたように、ビジネスの促進よりも地域や組織の社会課題の解決などに着目したスポンサーシップの形態が顕著である、という議論が活発に行われたことが印象的であった。
「Division I Athletics Directors」では、ベイラー大学、アビリーンクリスチャン大学、ノーステキサス大学から、それぞれアスレティックディレクターにより、各人の現在のポジションに就いた経緯や、今後も複雑化する高等教育とアスレティックの両立についての議論が交わされた。どのディレクターも、学生の競技レベルが上がり注目を集め、彼らのプロとのつながりが増えていくにつれ、いかに学生一人一人のケアをするシステムを構築し運用していくかが重要であると述べ、自身のアスレティックディレクターとしての役割の重要性を共有した。
「Bowl Game Management」では、毎年行われる大学アメリカンフットボールのプレイオフでのゲームオペレーション担当とマーケティング・ブランドマネジメント担当、アラモボウル（ビッグ 12・パック 12 カンファレンスのチャンピオン同士が対戦するイベント）のマーケティング担当、アメリカ大手のスポーツ専門チャンネル ESPN のイベント担当によって議論が行われた。大学のアメリカンフットボールイベントは他のスポーツイベントとは異なり、各部の OB やその地域の人々のアイデンティティがぶつかり合うことによる強力なコンテンツであることから、取り巻く環境を理解した適切な運営とターゲットを絞ったマーケティングが必要であり、メディア価値はその結果として高まっていることが強調された。

4. 一般研究発表

2 日目の朝からスタートした一般研究発表では、口頭発表 27 題、ポスター発表 45 題の計 75 題の発表が行われた。アメリカからの発表者が中心であったが、イギリス、トルコ、韓国、レバノンからも発表者が集った。日本からの発表者は前田和範氏（筆者：高知工科大学）1 名のみが参加し、「Exploration and Conceptualization of a Sense of Community as Responsibility to the Hometown of Members of Professional Sports Organizations（プロスポーツ組織のメンバーにおける、ホームタウンに対する責任としてのコミュニティ感覚の概念化）」という発表タイトルで口頭発表を行った。

本大会では予め研究分野が分類されていなかったため、相澤（2016）を参考に、北米スポーツマネジメント学会（North American Society for Sport Management Conference：以下 NASSM と略す）の研究分野別動向に基づいた分類を試みた。研究分野別、国別の発表件数の詳細は表 3 の通りである。全体の動向としては NASSM と同様、マーケティング分野の研究発表が最も多く（29.2%）、次いでマネジメント／リーダーシップ分野が多かった（16.7%）。その他も傾向としては概ね NASSM と類似していたが、ASMA では特にポスター発表を中心に、ファイナンス分野が次に多い結果となった（11.1%）。

表3 研究分野別・国別発表件数

分野	ASMA2018	比較：NASSM2016
マーケティング（Marketing）	21 (29.2%)	89 (26.3%)
マネジメント／リーダーシップ（Management/Leadership）	12 (16.7%)	44 (13.0%)
社会・文化的側面（Socio-cultural）	4 (5.6%)	47 (13.9%)
組織論／組織文化（Organizational Theory/Culture）	6 (8.3%)	28 (8.3%)
人材の多様性（Diversity）	5 (6.9%)	20 (5.9%)
専門的職業準備（Professional preparation）	5 (6.9%)	16 (4.7%)
コミュニケーション（Communication）	0 (0.0%)	20 (5.9%)
ガバナンス（Governance）	5 (6.9%)	10 (2.9%)
経済学（Economics）	2 (2.8%)	14 (4.1%)
教授学（Teaching）	1 (1.4%)	13 (3.8%)
スポーツ・ツーリズム（Sport Tourism）	1 (1.4%)	10 (2.9%)
研究法（Research/Statistical methodology）	0 (0.0%)	9 (2.7%)
法的問題（Legal aspects）	0 (0.0%)	8 (2.4%)
金融論（Finance）	8 (11.1%)	3 (0.9%)
倫理学（Ethics）	2 (2.8%)	8 (2.4%)
合計	72	339

国名	件数
アメリカ	64 (88.9%)
イギリス	2 (2.8%)
トルコ	2 (2.8%)
韓国	2 (2.8%)
レバノン	1 (1.4%)
日本	1 (1.4%)
合計	72

　マーケティング分野では、主にNFLやMLB（メジャーリーグベースボール）だけでなく、NCAAのファンの分類やモチベーションに関する研究が多く見受けられた。マネジメント分野では、スタジアムマネジメントに関する研究や、スポーツ管理者のリーダーシップに関する研究が多く見られた。ファイナンス分野では、主にプレイヤーのサラリーに関する研究が目立っていた。大学スポーツを対象にした研究が多かったこともあり、選手育成やインターンシップに関する専門的職業準備分野の研究や、スポーツマネジメントのカリキュラムに着目した教授学分野の研究、青少年やユース世代のモラルに関する倫理学分野の研究も印象深かった。

5. まとめ

　本稿では、ASMAにおける基調講演、パネルディスカッション、一般研究発表について略説した。ASMAは、NASSMやEASM（ヨーロッパ・スポーツマネジメント学会）などの学会大会と比較すると小規模ではあったものの、濃密な議論が交わされていたことが印象的であった。NCAAの規模の大きさを改めて実感するとともに、そこに関わる研究者やアスレティックディレクターをはじめ、実務家であるカンファレンスコミッショナーやIMGのGM、マイナーリーグ所属チームのGMが口を揃えて「スポーツは社会の中の一部であることを理解しなければならない」と語っていたことに、アメリカスポーツの懐の深さを感じた。現代では産業化が進みテクノロジーも発達したことにより、消費者の取り巻く環境は絶えず変化している中で、それぞれのスポーツ組織が自らの関わるスポーツの立ち位置や価値を客観的に分析することの必要性をあらためて痛感した。

　ASMAは若手研究者に門戸を開いている印象も強く、著者自身、単身で海外の学会大会に参加した経験は初めてではあったものの、多くの研究者や実務家とも出会うことができ、得られるものが多かった学会大会であった。開催時期が2月ということもあり、日本の大学によっては比較的参加しやすい日程であることからも、今後もより多くの研究者、大学院生、学生が参加され、研究と

実践における貴重な議論が交わされることを期待したい。

　来年度の ASMA は 2019 年 2 月 14 日から 16 日まで、アメリカ合衆国テネシー州ナッシュビルのベルモント大学にて開催される予定である。

写真 2　マクレーン・スタジアムのフィールドにて（著者）

【参考文献】
相澤くるみ（2016）国際会議レポート　北米スポーツマネジメント学会 2016 年度大会，スポーツマネジメント研究，9 (2)，35-39.

日本スポーツマネジメント学会
スチューデント特別セミナー2016報告

日本スポーツマネジメント学会セミナー委員長　藤本 淳也（大阪体育大学）
日本スポーツマネジメント学会セミナー委員　　福田 拓哉（新潟経営大学）

1. はじめに

　本学会スチューデント特別セミナー2016は、「JASMプロスポーツビジネスセミナー in 福岡」と銘打ち、2016年9月21日から22日までの2日間に渡り、福岡県にて開催された。本セミナーは、プロスポーツ企業の本拠地にて、実際の経営戦略、地域密着戦略を座学と現地視察から学ぶ内容であり、学生会員のみならず、一般学生や社会人にも門戸を広げるなど本学会にとって初めての試みであったが、受け入れ先である福岡ソフトバンクホークス様（以下「ホークス」と略す）の全面的なご協力を賜り、無事に開催・終了することができた。

　1日目前半は、集合場所である博多駅からチャーターバスでホークスの2・3軍専用施設のある筑後市に移動し、九州芸文館において、筑後市ホークスファーム連携推進室室長である江崎紹泰氏より「筑後市におけるホークスをフックとした地域活性化戦略」と題してご講演頂いた。その後、隣接するベースボールパーク筑後に移動し、ホークス筑後事業推進室室長補佐渉外・総務担当の因隆太氏のご案内による施設見学を行った。講義と施設見学を通じて、行政側のホークスを通じた都市戦略と、球団側の選手育成・球場マネジメント戦略に関する多くの示唆を得ることができた。

　1日目後半は、チャーターバスで福岡ヤフオク！ドーム（以下「ヤフオクドーム」と略す）に移動し、ホークス取締役兼執行役員球団統括本部副本部長である三笠杉彦氏より「2・3軍を中心とする選手育成システム」、マーケティング本部副本部長兼営業戦略部部長である新井仁氏より「1軍公式戦におけるエンターテインメントサービス」と題してご講演頂いた。三笠氏のご講演は、前半の施設見学と相まってホークスの選手育成戦略の全貌を理解する上で非常に意義深いものであった。また、新井氏のご講演は、その後の試合観戦を通じて、ホークスが考える試合観戦経験の価値向上戦略をより深く理解する手がかりとなった。

　2日目は、本学会運営委員である新潟経営大学の福田拓哉氏をファシリテーターに、学生・院生を中心とする1日目の振り返りが行われた。学生・院生個人が感じた感想や疑問を全体で共有するとともに、福田氏からは事象の理論的解説が行われた。また、ご同席頂いたホークス事業統括本部マーケティング本部マーケティング・コミュニケーション部マネージャーの市川圭之介氏や、同部池田氏からは実務実践面でのコメントを頂いた。

　以上のように、本セミナーはプロスポーツ現場の現状を理解するばかりでなく、実務的課題と学問的研究の両者を繋ぐ非常に有意義な機会になったと考えている。このような場を与えて頂いた福岡ソフトバンクホークスの皆様、特に本学会との窓口を務めて頂いた社長室長の大西富美子氏、マ

ーケティング・コミュニケーション部マネージャーの市川圭之介氏には心より感謝申し上げたい。

2. セミナー概要

2.1 参加者数
　参加者は、学生・院生 17 名（うち非会員 4 名）、一般社会人 5 名（うち非会員 3 名）、運営委員・事務局 7 名の計 29 名となり、全国からスポーツマネジメントに興味関心を抱く方々にお集まり頂いた。

2.2 セミナースケジュール
第 1 日目：9 月 21 日（水）
　　11:30　　　　　　集合＆移動
　　12:45 〜 13:30　　講演（1）「筑後市におけるホークスをフックとした地域活性化戦略」
　　13:35 〜 14:30　　ベースボールパーク筑後へ貸切バスにて移動後、施設見学
　　14:35 〜 16:10　　ヤフオクドームへ貸切バスにて移動
　　16:15 〜 17:15　　講演（2）「2・3 軍を中心とする選手育成システム」
　　　　　　　　　　　講演（3）「1 軍公式戦におけるエンターテインメントサービス」
　　17:30 〜 21:30　　試合観戦
　　※終了後、フリータイム

第 2 日目：9 月 22 日（金）※学生のみ
　　10:00 〜 12:30　　ディスカッション「プロスポーツビジネスのイノベーション」
　　※解散後、各自帰宅

3. セミナープログラム

　以下は、これも学会として初めての試みであるが、各コンテンツの報告を参加した学生・院生が取りまとめたものである。彼ら・彼女らが本セミナーから何を感じ、今後に向けてどのような意識を持つようになったのか、お読みいただければ幸いである。

■1 日目

講演 1　「筑後市におけるホークスをフックとした地域活性化戦略」
筑後市ホークスファーム連携推進室室長　江崎紹泰氏

HAWKS ベースボールパーク筑後について
　HAWKS ベースボールパーク筑後は、福岡県南部・人口約 48,000 人の筑後市が 2013 年 12 月 25 日に 5 県 33 自治体との競争の末に誘致に成功した球界初の 2・3 軍専用施設である。2016 年から本格的な使用がはじまったこの施設は、メイン球場の「タマホームスタジアム筑後」、サブ球場の「ホークススタジアム筑後第二」、室内練習場、選手寮、クラブハウスから構成され、敷地面積は約 7 万平米に達する。
　土地は大手住宅メーカー・タマホームをはじめとする民有地を筑後市が買い上げ、造成した上で

球団側に20年間無償貸与される契約になっている。各施設の建設費は球団の負担である。

招致までの道のり

　今から3年前の2013年8月2日に福岡ソフトバンクホークスが当時福岡市東区にあった雁の巣レクリエーションセンター野球場からの2・3軍練習場移転を決定し、移転先の公募を行うこととなった。筑後市は、この公募をまちの活性化の好機と捉え、即座に官民一体となった誘致活動を実施した。例えば、2013年8月13日には筑後市長と地元企業であるタマホームの社長が共同で誘致への立候補を表明し、下旬には各方面との情報共有や具体的活動を行う際の母体となる「福岡ソフトバンクホークス・ファーム球場等施設誘致委員会」を設置した。この他にも、市議会での議員によるホークスユニフォームの着用、市民を対象とする応援フォトメッセージ企画、市内各種イベントでの啓発活動などを展開した。さらには、筑後市のみならず、柳川市、八女市、大川市、みやま市、大木町、広川町の5市2町でつくる「筑後七国」として、一致団結して福岡ソフトバンクホークスのファーム本拠地誘致の実現をめざすため、9月27日に記者会見を開くなどの活動を行った。

　誘致活動実施前から高かったホークス人気に併せ、こうした官民一体となった迅速な行動の結果もあり、ホークスの専用施設を求める約76,000人分の署名が約1ヶ月で集まった。市の人口を鑑みると、市民の期待の大きさが感じられる結果となった。このような「熱」が球団側に評価され、誘致が決定したのではないかと考えている。

提案のポイント

　上記で述べた迅速かつ戦略的・組織的な活動の他に、本施設の誘致を勝ち取るために次の3点を球団への提案の中心に据えた。1つ目は、良好なアクセスである。施設は最寄駅の筑後船小屋駅から徒歩5分であり、博多駅からも新幹線で約30分、在来線でも約50分という距離にある。そして、高速道路のインターチェンジが10分以内と自動車でのアクセスにも恵まれている。ヤフオクドームとの行き来についても利便性が確保できることから、ファン、選手、球団関係者にとってメリットがある点を訴えた。

　2つ目は、様々な体験を楽しめる点である。本施設は県下最大の広域公園に隣接しており、そこ

では野球をはじめ、様々なスポーツに触れることができる。この他にも周辺には茶畑、梨畑やイチゴ畑などの体験農園も存在している。東側には昔からある船小屋温泉という炭酸泉で有名な温泉もある。このようにスポーツだけに限らず、レクリエーションやリハビリトレーニングなど、選手はもちろん、市民や市外のホークスファンの方に各種の体験が提供できる環境をアピールした。

そして、3つ目は県内第3の都市圏という点である。筑後市は人口約5万人ほどであるが、前述の「筑後七国」エリアの総人口は約30万人に達する。このように、県南地域は福岡第3の都市圏としてホークスのファンを獲得するために十分な人口が広がっている点を訴えた。

筑後市の戦略

市として球団の誘致に約15億円をつぎ込んでいる。市民の税金を使う以上、球団との契約期間である20年のうちに、これよりも多くのメリットを生みだす必要があると考えている。具体的にはこの取り組みが「市のPR・イメージアップ」、「交流人口・定住人口の拡大」、「まちの活気向上」、「税収アップ」という流れを生みだすことを期待している。

「市のPR・イメージアップ」に関しては、ホークスと連携することによって、「筑後」というキーワードのメディア露出が増えることを期待している。また、ホークスブランドを通じて情報が発信されることで、市のイメージが上がることも期待している。「筑後市ってなんか元気らしいね」とか、「筑後市ってなんか活気があるね」とか、「面白そうだね」とか、そのような反応が増えていくであろう。

こうなると次は「じゃあ、筑後市ってどういうところか行ってみようよ」とか、「筑後市に住んでみようか」という流れが生まれ、「交流人口・定住人口の拡大」につながる。そうなることで街の活気が向上し、最終的には税収が増え、安定的な行政サービスを市民に提供することに繋がると考えている。そのようなサイクルを構築していくことが私たちの究極の目的である。なお、今回の誘致活動と前後して、市の人口は徐々に増加しており、地価も3年連続で上がった。こうした流れに弾みをつけたいと考えている。

講演2 「2・3軍を中心とする選手育成システム」
福岡ソフトバンクホークス取締役執行役員 球団統括本部副本部長　三笠杉彦史氏

三軍制

基本的にはアメリカのマイナーと同じようなスタイルで、試合をたくさんやって実践経験を中心とした育成を展開している。年間230～240試合が計画され、雨天等の影響もあるため、実際には200試合ほどが行われている。ホークスと巨人以外で3軍を持つ球団はNPBにはないので、他球団の2軍、社会人や大学、独立リーグ球団や韓国プロ球団の2軍などと試合を組んでいる。

選手個人の育成や評価に関しては、フロントで選手をランク分けし、必要な打席数やイニング数等を設定している。それらの結果は、選手の基本情報やコーチ・トレーナーからの意見、プレー時の映像などとともに選手カルテに入力されている。このような形で収集したデータを基に、フロントと現場が選手の育成状況を把握している。

必要な選手数

1軍から3軍まで、1チームあたり25人ほどが必要になる。ホークスは3軍制なので、全体の運営に必要な人数は約75人となるが、怪我人も発生するため、2011年当初は支配下契約選手70人、

育成契約選手16人、2012年は、全選手85人体制でやっていた。
　しかし、投手が3軍メンバーに少なかったということもあり、2013年ぐらいからは全体の選手数を90人まで増やした。約1年間運営してみてこの程度がおおよそ適正であると判断し、現在に至っている。

育成選手制度の活用
　3軍に在籍する選手の大多数は育成選手契約を結んでいるが、次の2種類に大別される。1つ目は、一芸に秀でた選手である。荒削りながら、実践を通じて磨けば支配下登録選手として活躍できる可能性を持った若い選手をスカウトしている。2つ目は、長期故障者である。試合に出られない長期故障者を育成契約に切り替えることでリハビリを通じた再生の機会を確保することと同時に、有望な若手が支配下選手契約を結べるように配慮している。長期故障者であるベテランが若手と時間をともにすることを通じて、若手がプロとしての様々な振る舞い方を学ぶ機会にもなっている。

2・3軍専用施設のメリット
　今年から福岡県筑後市に新しい専用施設が誕生した。昨年まではグラウンドが1つしか使えなかったため、2軍がホームの場合3軍が遠征、2軍が遠征の場合3軍がホームを使うという形式を取らざるを得なかった。両軍がどちらともホームにいる場合は、3軍が福岡県内にある大学のグランドを借りたりしていたため、練習やリハビリの計画を立てたり、実際の活動を行うために各方面への調整が必要となっていた。
　この施設には2つのグラウンドと室内練習場もあるので、こうした問題が解消でき、より野球に専念できる環境を選手に提供できると考えている。また、ファンサービスなどいわゆる選手として重要なことを1軍に来てから学ぶのではなく、ファームでしっかりと野球に専念しながら身につけさせることできるという効果も期待している。
　球団経営の観点からも、専用球場を活用したファーム事業のモデルを構築できるチャンスだと考えている。ファームはこれまで投資の側面が強く、コストセンターとして認識されていたが、それを脱却できるのではないかと考えている。

今後の課題

　選手育成に関しては、ITを活用した科学的なアプローチをより展開していきたいと考えている。これにあわせ、選手だけでなく指導者を育成するシステムの構築も重要だ。また、3軍の選手がより野球に時間を費やせるよう、ホームゲーム実施率を現在の2割から5割り程度まで引き上げたい。引退後のケアもソフトバンクグループの強みを活かしながら強化していく必要があるだろう。筑後の専用施設も、ベースボールパークとしてより多くの方々に楽しんで頂けるように発展をさせたい。

　トップレベルの選手が圧倒的な練習量を誇っているというホークスの良き文化を継承しながら、これらの課題を解決していきたい。

講演3 「1軍公式戦におけるエンターテインメントサービス」
福岡ソフトバンクホークスマーケティング本部副本部長兼営業戦略部部長　新井 仁氏

エンターテインメントサービスとプロスポーツ事業

　プロスポーツ事業というのは、映画や音楽、芸術などと一緒のエンターテインメントビジネスと捉えることもできる。「野球」は、これまでの時代において、昔は特に、エンターテインメントの中心に存在し、話題の中心にいたのかもしれない。ただ、近年、携帯電話・スマホで多くの時間を使用するようになり、24時間の軸で考えた場合、接触している娯楽は、非常に多岐にわたる。つまり競合が多いという現状である。

　一方で、エンターテインメント、いわゆる「娯楽」というものは、生死に関わるものではない。食料がないと生存していくことは困難であるが、娯楽はなくなっても生死に関わらないのである。しかしながら、エンターテインメントは、人の心を豊かにするという作用があると考えられている。生活の質が重視される現代社会において、この側面は非常に重要なのではないだろうか。

　特にプロスポーツの観戦は、他のエンターテインメントと比べて、年齢・性別を超えた、より広い層に受け入れられているように感じる。実際、球場には非常に幅広い層のお客様に来場いただいており、男女比はほとんど同じだ。このように、幅広い層が価値観を共有できる点は価値の一つと

言える。
　一方で、プロスポーツ事業が他のエンターテイメントと比較して難しい点もある。それは勝つと「嬉しい」、負けると「残念」、という勝敗による影響が存在し、映画のようにチケット購入時にある程度の価値を予測できるものではない点である。そのため、勝敗以外の面でもエンターテインメントとして、人々に楽しんでもらえる要素を準備することが非常に重要である。それによって、野球観戦の感動を増幅し、観戦の価値を最大化させ、試合に勝った時の喜びをより大きくし、負けたときは少しでも残念な気持ちを減らすことができる。それが「またヤフオクドームで試合を観たい」というファンの気持ちに繋がると考えている。
　こうした考え方をもとに、競合もたくさん存在する中で、少しでもホークスや野球に興味が思ってもらえるような取り組みを実施し、ライト層のファンや新規のお客さんにも足を運びやすい環境を整えることを心がけている。
　そのために、観戦というものをひとつのストーリーとして捉えるようにしている。ヤフオクドームに向けて家を出るところから、家に帰ってくるところまでの経験を顧客目線で捉えることを心がけ、各ステップに存在する不満を取り除いたり、よりワクワク感を高めたりすることに活用している。もちろん、チームの勝敗というすごく大きな要素はあるが、来場前から楽しみに、ワクワクできるような球場演出を組みこむことは、観戦経験の価値を高めてくれるものになるだろう。
　このように、チケットを購入し、試合観戦して、家に帰るまでを観戦経験として捉えることが、エンターテイメントビジネスであるプロスポーツのマーケティング・マネジメントには必要不可欠である。競技以外の面でも、最後に「今日はおもしろかった」「良い思い出になった」と感じてもらえる取り組みが重要である。

鷹の祭典と鷹ガール 〜街全体をホークス一色に〜
「ユニフォームを来場者全員にプレゼントする」ことを取り入れている球団も多数存在するが、最初にやり始めたのはホークスである。選手もファンもスタッフも同じ「ユニフォーム」を身にまとうスタジアムの一体感は非常に高く、ビジネス的にもスポンサーの露出効果はもちろん、グッズや飲食など、広がりが大きいものである。
　しかし、ホークスは、単に「球場を満員にする」という目的だけでこのイベントを仕掛けたのではない。これらのイベントは「街全体をホークス一色に」という大きなテーマに基づいて行われている。目指しているところは、街を巻き込んでいくということ。福岡の街を巻き込むイベントというのを目指しており、山笠、どんたく、放生会という地域の大きなお祭りに倣い、それに続く第4のお祭りに近づけるように取り組んでいるのだ。
　このイベントの素敵なところは、街のいたるところでユニフォームを着ている人が溢れるということである。このレプリカユニフォームは、スポンサー企業をはじめ、福岡のあらゆる場所にも配布されている。そのため、福岡空港では職員がユニフォームを着て仕事をするし、JRや私鉄の駅員、路線バスやタクシーの運転手も、コンビニエンスストアやスーパーの店員、宅配ピザのドライバーなど挙げればキリがないくらい、各所でホークスのユニフォームを目にすることになる。期間中は、カラーやデザインにこだわりながら、グッズや飲食を開発し、とにかくいろんなプロモーションを集中的に行うことで、盛り上げを図る。こういった話題づくりも含めて、鷹の祭典を福岡の人に楽しんでもらって盛り上げていく。
　来場する女性の方限定に、ピンクのユニフォームのほうを配る「タカガールデー」というイベントも存在する。普段は、来場者は、男性・女性の比率が同じくらいだが、この日は、球場全体の7

割〜8割弱が、女性ファンになる。若い世代への野球離れに危機感を感じている中で、野球というスポーツは、「男性のもの」という概念が強いものだったが、エンターテインメントとして、ひとつの興行として、プロ野球はあるべきであり、女性にも楽しめる空間づくりに取り組んでいる。プロジェクトも女性社員が多くを担当し、グッズや飲食も女性が喜ぶものという基準で用意されている。こうした活動を通じて、福岡近郊の女性に対して休日の過ごし方の選択肢の一つとして「ホークスの応援」「野球の観戦」という新たなライフスタイルを提案している。

圧倒的な球場演出

　球場の演出の最大の武器は、巨大なホークスビジョン。ホークス本拠地のヤフオクドームには、世界最大の合計表示面積を誇るといわれている5画面構成の「ホークスビジョン」が備わっている。ジャンボジェット機にたとえれば、なんと3機分の長さになる。演出の映像、ライブ、それから、応援のサポートにスポンサー広告も出していて、もちろんスコアボードとしても機能している。圧巻の大きさで、最新の技術による、圧倒的な迫力の場内演出が楽しめるようになっている。

　他にも、証明がLED照明であること、コンサートで使用されるようなムービングライト、球場の壁を一周するように設置されているLEDライン、お客さんの手元につけたブレスレットが、遠隔操作で光るスターフラッシュなど、多くの演出によって、お客さんが楽しめる環境を作り上げている。

ヤフオクドームでの体験を心に

　ヤフオクドームが心に留まる場になってくれるように、そしてヤフオクドームでの体験を何年後かに、思い出してもらえるように、様々な演出を用いて、仕掛けていく。こうした取り組みによって、観戦の価値を高めていこうとしている。勝つことも大事だが、それ以外でも観客を楽しませる工夫をしていくことが、満足度を左右することも忘れてはならない。スタジアムに入るまでのワクワク感、試合中に楽しむエンターテインメント、食事、座席の座り心地、イベント、さらにスタッフの対応も重要になる。

　球場にいる間に受けるサービスがトータルで最大となるような取り組み、いわゆるボールパーク構想といわれるものが存在するが、球場における実際の体験が、ファンの期待を上回ることで「良いサービス」と評価されることになる。つまり、良いサービスかどうかは、観客の主観で決まる。観客の期待値（ニーズ）をいかに的確につかむかということが勝負となる。

　これまでも、多くのチャレンジをしてきたホークスだが、これから、さらに移り行く環境と時代の変化に柔軟に対応して、エンターテインメントサービスの重要性を示していくであろう。

■2日目

ディスカッション　プロスポーツセミナー
コーディネーター：福田拓哉氏（新潟経営大学）

筑後市行政・地域住民とソフトバンクホークスの関わり方

　行政の方のスポーツに対しての理解があり、地域や筑後七国に対して地域連携協定や広域連携協定を行い、様々な場面で行政がスポーツに対して歩み寄っていること、また地域に対しても地域住民の理解が深いことを学生が発言。それに対し福田氏は筑後行政の決断までのスピード感や盛り上げ方や、筑後市だけではなく筑後七国と広域連携する点また京都サンガのスタジアム建設の時の問

題を例に挙げ行政や住民の理解を得ることが大変だという事を語り、短い期間で素晴らしいスタジアムを建設できたことに驚いていた。

スタジアム運営体制・スタジアムホスピタリティ
　スタジアムの運営担当者が4人であることや、タマホームスタジアムがヤフオクドームを可能な限り再現しており、シートにもそれぞれにいろいろな考えがあること、照明にLEDが使用されている点、そして女性が使いやすいようにトイレや授乳室への配慮がなされている点が挙げられた。それに対しホークス担当者の市川氏は球団の女性スタッフが非常に積極的に細かな改善点を提案していると語り、福田氏も小さな不満要因を一つひとつ地道に取り除いていくことが重要であると語った。

筑後市の狙いと今後の課題
　行政は、何を狙いに、なぜここまでホークスに一生懸命やっていたのか。それは市の土地を20年間保証対応する代わりに「ホークスのブランド力」を活用することによって「筑後市に住みたい」や「筑後市に行ってみたい」という人を増やす事を最終の目標として掲げたからである。スポーツツーリズムが流行っている中"筑後"という場所をホークスの圧倒的なブランド力を使って発信することが求められている。そのため市民に投資に対する効果を提示することが今後の大きな課題になると福田氏は指摘した。

ホークスのビジネススタンス
　ホークスとしてのビジネススタンスは、はっきりしている。球団職員としては、誰もがヤフオクドームを福岡で一番面白い場所にしたいと考えている。野球を一番大事にしながらも、それ以外のところでも楽しめるエンターテイメントを提供している点で、ホークスは自らの事業を野球事業と定義していない。事業の範囲をどう定義するかによって具体的なやり方や、中身が変わってくる。福田氏は、プロスポーツチームのマーケターは、来場前から、家に帰るまでの流れ、また、街の歴史や気質と、自社の事業がどのように結びついているかまで考える必要があると指摘する。

長期的視点によるマーケティング

　ホークスからは、積極的な投資を行うと同時に、それをどのように回収するのかという視点も学ぶことができた。例えば、ユニフォーム配布を集客のフックにする事例では、グッズとして販売されているユニフォームの売り上げは落ちるものの、その分をスポンサーシップの売上増額や、背番号や背ネームの名入れサービスで回収していることがわかった。福田氏は、学生の提案の多くはこの投資を如何にして回収するかという視点が不足していると指摘していた。

プロスポーツチームの特徴

　プロスポーツチームの特徴は、競技サイドと、ビジネスサイドで利害が相反するところが出てくる点である。それをどういう風に社内で調整するかが、大事になってくる。また、市川氏は、毎年違ったドラマが感じられる点も他の仕事に比べ特異だと語った。

失敗学と組織的挑戦の継続

　多くの成功例は、他のモデルに当てはまらないことが多い一方で、失敗例は当てはまりやすい。そうした失敗の法則を組織で共有しながら、成功に向けて挑戦し続けられるかが重要になってくる。ソフトバンクには、挑戦を促す組織体制がある。面白い話題が表に出る一方で、その裏側には沢山の失敗がある。そうした事例を数多く蓄積している点もソフトバンクホークスの強みであると感じた。

プロスポーツチームの働き方に学ぶこと

　プロスポーツビジネスは非常に地道なことの積み重ねであり、その結果が、ホークスのように世の中にたくさん知られることもあるが、同じことを考えついても、積み上げ方が悪かったり、低かったりした場合、全然知られずに終わってしまうこともある。まずは失敗を恐れずチャレンジしてみて欲しいと福田氏は語った。それは、ビジネスの世界でも、研究の世界でも共通点であろう。

4．まとめ

　今回の「JASM プロスポーツビジネスセミナー in 福岡」は、事務局ならびに講師の皆様、そして福岡ソフトバンクホークス株式会社様の献身的なご支援により、学会として初めての試みであるプロスポーツ×スチューデントセミナーという形が実現しました。学生を代表して、関係者のご協力に心から感謝の意を表したいと思います。

　プロスポーツを支えている仕事は、一見スポーツとは関係ないようなことに対しても、一つ一つ丁寧に対応していく非常に地道な作業で成り立っている事を実感できました。その一方で、他の仕事にはないようなやりがいと、毎年違ったドラマが待ち受けている華やかな世界であるということも分かりました。

　今回のセミナーの参加者は、所属する学部・学科を問わず、学部生、院生、社会人と幅広い層の方々が参加してくださいました。それぞれ、違った視点や境遇を持つ参加者が関わることで、これまでにない、学びと交流の場を提供していただいたことに感謝いたします。

日本スポーツマネジメント学会
スチューデント特別セミナー2017報告

日本スポーツマネジメント学会セミナー委員長　藤本 淳也（大阪体育大学）
日本スポーツマネジメント学会セミナー委員　　福田 拓哉（九州産業大学）

1. はじめに

　本学会スチューデント特別セミナー2017は、北海道を舞台に8月30日から9月1日までの3日間に渡り、札幌市にて開催された。今回のセミナーは、「プロスポーツ」と「地域」をキーワードに北海道日本ハムファイターズ様（以下「ファイターズ」と略す）、北海道コンサドーレ札幌様（以下「コンサドーレ」と略す）、そしてさっぽろグローバルスポーツコミッション様にご協力を頂き、「北海道のプロスポーツクラブに学ぶ地域密着と海外戦略」と題して実施した。

　1日目は、午後から札幌市生涯学習総合センター「ちえりあ」にてコンサドーレ経営管理本部特命担当部長である斗澤元希氏より、「コンサドーレ札幌の地域密着＆国際マーケティング戦略」と題してご講演頂いた。クラブ名に「北海道」を冠した理由や、全道にわたる地域密着活動の現状、外国人選手をフックとした国際マーケティングの現状と課題等についての実例を学ぶことができた。講義後は、コンサドーレの練習場である宮の沢白い恋人サッカー場を見学。斗澤氏には、懇親会にもご参加頂き、多くの参加者と杯を交わしながらコンサドーレのこれまでとこれからについて熱く語り合う機会を賜った。

　2日目は午前中に札幌国際プラザにて、さっぽろグローバルスポーツコミッション事務局長の西村達也氏より、「札幌市のスポーツ資源とスポーツツーリズム戦略」と題してご講演頂いた。札幌市が持つ様々なスポーツ資源の活用や国内外に向けたPRの現状等について学ぶばかりでなく、参加者とのディスカッションを通じてスポーツボランティア養成に関する新たなアイディアが生まれるなど、非常に有意義な時間となった。

　午後は札幌ドームへ移動し、ファイターズ事業統轄本部コミュニティリレーション部部長代行兼事業企画部チーフディレクターの佐藤拓氏より、「北海道日本ハムファイターズ『Sports Community』戦略とマーケティング」と題してご講演頂いた。球団理念・組織・実際の活動といった3つが連動し、新たな価値を創造するための仕組みに触れることができた。懸案の球場問題にも触れて頂いたが、講義後の球場見学、試合観戦を通じて、その課題点を参加者は深く理解することができたと考えている。

　3日目は、九州産業大学の福田拓哉氏をファシリテーターに、参加者を3グループに分け、それぞれコンサドーレ、さっぽろグローバルスポーツコミッション、ファイターズのご講演・見学内容のチャート化を通じて、学びや気付きの共有化を図った。

　以上を通じ、本セミナーは昨年に引き続きスポーツマネジメントに関する現場の現状を理解する

ばかりでなく、実務的課題と学問的研究の両者を繋ぐ非常に有意義な機会になったと考えている。このような機会を与えて頂いた株式会社コンサドーレ様、さっぽろグローバルスポーツコミッション様、株式会社北海道日本ハムファイターズ様には心より感謝申し上げたい。

2. セミナー概要

2.1 参加者数

参加者は学生・院生 23 名（うち非会員 18 名）、運営委員・事務局 3 名の計 26 名であった。北海道、関東、中部、関西、四国、そしてイギリスからスポーツマネジメントに興味関心を抱く方々にお集まり頂いた。

2.2 セミナースケジュール

第 1 日目：8 月 30 日（水）
　13:30 ～ 14:00　受付 @ 札幌市生涯学習総合センター「ちえりあ」会議室
　14:00 ～ 16:00　「コンサドーレ札幌の地域密着＆国際マーケティング戦略」
　16:30 ～ 17:30　練習場見学 @ 宮の沢白い恋人サッカー場
　18:30 ～ 21:00　懇親会 @ 札幌市内
　※終了後、フリータイム（宿泊場所は各自手配）

第 2 日目：8 月 31 日（木）
　9:45　　　　　　集合 @ 札幌国際プラザ会議室
　10:00 ～ 12:00　「札幌市のスポーツ資源とスポーツツーリズム戦略」
　12:00 ～　　　　昼食、札幌ドームへ移動
　14:00 ～ 16:00　「北海道日本ハムファイターズ『Sports Community』戦略とマーケティング」
　16:00 ～ 16:15　休憩
　16:15 ～ 18:00　練習場見学・球場視察
　18:00 ～　　　　試合観戦

第 3 日目：9 月 1 日（金）※学生のみ
　9:15 ～　　　　 集合 @ 札幌駅前ビジネススペース
　9:30 ～ 11:30　振り返り＆ディスカッション
　12:00　　　　　解散

3. セミナープログラム

以下は、参加学生・院生による各コンテンツの報告である。彼ら・彼女らが何を感じ、今後に向けてどのような意識を持つようになったのか、お読みいただければ幸いである。

講演 1 「コンサドーレ札幌　地域密着・国際マーケティング」
北海道コンサドーレ札幌　斗澤元希氏

1. 講演概要
　①クラブ財政

　②ホームタウン活動
　③アジア戦略

2. クラブ財政

　大企業を親会社に持つクラブでは、関連会社や下請け企業からのスポンサー収入が期待でき、それを頼りに大型の選手補強を行える。しかし、コンサドーレにはそうした親企業が存在しない。これが財務面での特徴の1つ目である。そのため、複数に渡るスポンサーを常に探さなければならない。一見不利に見える状況であるが、次のようなメリットもあるという。それは、チームの方針を親企業でなく、チームのフロントが決定できること、そして親会社の経営状況にチームの考えや選手の獲得などが左右されないことである。また、大企業が親会社にいることでスポンサー収入に頼りすぎてしまったり、売上アップを目的とした新規事業開発を躊躇してしまったりといった保守的な考えや行動が生まれにくくなる。

　このようなメリットが数多く生み出されてきた契機が、2013年に野々村氏がコンサドーレの代表取締社長に就任したことだ。これ以降、野々村氏は次々と斬新な企画を繰り出し、Jリーグに新風を吹き込んできた。例えば、Jリーグのクラブとしては初となる広告代理店との長期大型契約を結んだり、パートナー企業と電力会社エゾデンを立ち上げて、自由化された電力事業に参入したり、ホームゲームの地上波中継を積極的に行った。これらの取り組みによってクラブの広告価値が高まり、既存パートナーからの収入増加と、新規パートナー増加の両方を果たすことができた。これが特徴の2つ目である。なお、広告料収入は882,164千円となり、以降一度も前年比ダウンすることなく右肩上がりで来ている。そして広告代理店との契約で、更なる増収が見込まれる。

　3つ目は観客収入で、J1シーズン第24節を終えてコンサドーレのホームゲーム動員数は合計で211,492人、1試合平均17,624人である。2016シーズン2nd第7節終了時の名古屋グランパス（観客動員数165,184人、平均動員数13,765人）と比較すると、どちらも上回っていることが分かり、それぞれの人口（札幌市約196万人、名古屋市約231万人）と比較しても、高水準であると言える。

　最後はスタジアム問題である。現在、コンサドーレが使用している札幌ドームは、FIFA基準で作られていることもあって設備が充実しているが、試合運営費が年間で約3億円かかると言われて

おり、クラブ側からすると大きな負担である。なので、市町村などから寄付金を募るなどして、新スタジアムを作る必要がある。

3. ホームタウン活動
　1996年北海道札幌市に「コンサドーレ札幌」が設立され、以後札幌市を拠点とし活動してきた同チームは、2016年創設20周年を機にチーム名を「北海道コンサドーレ札幌」とし、札幌を中心とする北海道内全179市町村をホームタウンにすることを決定した。これにより、ホームタウン活動においても道内各地域に拠点を作り、ファンとのタッチポイントを増加させた。「プロスポーツクラブとしての見地を、豊かな社会づくりに役立てるため、サッカーだけの活動にとどまらず、ホーム"アイランド"北海道で様々な活動を行う」と活動方針を定め、地域の行事への参加、学校や幼稚園の訪問、スポーツ振興や環境保護活動などを通じて、子供たちの健やかな成長や地域の活性化に繋がる取り組みを行っている。
　また、JAグループ北海道、北海道教育大学、北海道教育委員会と相互協力協定を締結し、北海道の教育課題である、子どもの「学力や体力の向上」、「食育」の推進等に取り組んでいる。プロサッカーチームという立場から、運動や農作業、農作物を通して、全道でスポーツ振興や食育学習についての活動を行っている。こうした活動の背景には、これまでの「コンサドーレ＝札幌のチーム」という概念を取り除くこと、そしてファン基盤を北海道全域に広げるという狙いがある。
　また、コンサドーレは道内におけるサッカーのレベル向上を目的とし、札幌、旭川、釧路、東川町にユースチームを設立し、各拠点から北海道全体の強化を図っている。その中でも、得に興味を抱いた取り組みが「松山光プロジェクト」だ。「北海道とともに、世界へ」というスローガンのもと、永続的に道民・市民とともに理想的なクラブを作っていきたいと願い、キャプテン翼の人気キャラクターで北海道出身の松山光選手をアイコンとして、育成・強化への支援を幅広く募集するものである。松山選手のような世界に通用する選手が数多くこのプロジェクトから輩出されることを願ってやまない。
　さらにこの他にもリラ・コンサドーレ札幌という女子サッカーチームやバドミントンチームを保有し、多角的なホームタウン活動を行なっている。1つのプロサッカーチームが、ここまで地域に根ざし、多種多様なサポートを行い、サッカーだけでなく、多様なスポーツの発展に向けた取り組みに注力していることは、とても興味深く感じられた。

4. アジア戦略
　コンサドーレは、アジア（特に東南アジア）の国々をターゲットに様々な戦略を行っている。なぜアジアなのかというと、人口増加が著しく、日本と関わりたいと考えている国々が多いからだという。アジア各国のサッカーに対する関心の大きさ、Jリーグに対する注目度の高さ、日本のサッカー選手育成ノウハウへの関心の高さなども追い風になっている。
　コンサドーレにはタイ・マレーシア・インドネシア・ベトナム等に提携クラブがあり、こうした関係性もフルに活用しながら新規市場開拓に努めている。例えば、2017年7月に「タイのメッシ」と呼ばれるチャナティップ選手を獲得した。チャナティップ選手はタイ国内で非常に人気があり、タイの多くの人々が札幌を訪れ、コンサドーレの試合を見に来るようになった。また、チャナティップ選手の前所属チームであるムアントン・ユナイテッドFCとは、2017年7月に親善試合を行った。
　チャナティップ選手獲得以前には、ベトナムからレコンビン選手を獲得。このように、コンサドーレはアジアとの懸け橋になることを目指し、2013年からのインバウンドプロジェクトを継続し

ている。
　アジア戦略での課題はマーケットが未だ限定的であることだという。ASEAN諸国は成長市場と言え、発展途上国がほとんどである。そのため、貧富の差が激しくある程度裕福な人でないと札幌を訪れることができない。またウェブサイトのマルチ言語化についても早急な対応が必要と言える。

5. おわりに
　今回の講義を通じて、コンサドーレは札幌のみならず北海道全体を盛り上げていこうと活動の幅を広くし、過疎化が進む中でもスポーツができる環境を地域に増やそうと戦略的に取り組んでいることがわかった。また、Jリーグの中でも早くからアジア戦略を打ち出し、一定の成功を収めているが、これをさらに拡大しようとしていることもわかった。しかし、財政面やアジア諸国へのマルチ言語化など、まだまだ克服しなくてはいけない課題も多い。こうした課題をいかに解決していくか、今後も注目していきたい。

講演2　「札幌市のスポーツ資源とスポーツツーリズム戦略」
さっぽろグローバルスポーツコミッション事務局長　西村 達也氏

1. 講演概要
1-1. 札幌の歴史概要
　1869年（明治2年）に蝦夷地（えぞち）は北海道と改称され開拓使が置かれた。札幌本府の建設がはじまり、「北海道開拓の父」と呼ばれる島義勇が東京から札幌に着任する。1871年（明治4年）、アメリカ人技師を招き寄せて新都市を開発し、西洋風建物の建設がスタートした。当時、札幌の人口は、たった624人であった。

1-2. 1972年冬季オリンピックを契機とするまちの発展
　札幌オリンピックは、1972年2月3日から13日まで行われたアジア初の冬季オリンピックであった。この大会を契機に札幌の街は大きく発展し、特に市内の地下鉄や高速道路などのインフラ整

備が進んだ。大会2ヶ月前に、札幌市営地下鉄南北線が開業し、道央自動車道・札樽自動車道も開通している。まちの発展に伴い、1970年（昭和45年）には札幌市の人口は100万人を超え、1972年（昭和47年）には政令指定都市となった。こうした発展の象徴となる札幌オリンピックにおいて、スキージャンプ70m級では、笠谷幸生が1位、金野昭次が2位、青地清二が3位と、日本人が冬季オリンピックでは初めて表彰台を独占する輝かしい成績を残した。

1-3. 札幌が持つウインタースポーツの優位性と現状

　札幌の気候について、夏季は平均気温が20℃を超えて盛夏となるが比較的冷涼な気候で、冬季は積雪寒冷を特徴としている。最低気温が－10℃以下、降雪量が6メートルにも達するため、札幌のスキー場では良質なパウダースノーが楽しめる。また、スキー場から海や大都市の夜景が見えるといった特徴もある。

　スキー場以外にも、札幌にはカーリング場のほかスケートやアイスホッケーができるスケート場などの施設も充実している。1972年冬季オリンピックの競技施設や運営ノウハウなどのレガシーを生かし、大規模な国際大会を継続的に開催してきたというウインタースポーツ招致・運営の優位性を持っている。

　しかし、札幌市民のウインタースポーツの実施率は平成24年の11.7%から横ばい状態である。28年には12.6%に達したが、目標値である31年25%と比較すると、かなり厳しい状況といえる。恵まれたウインタースポーツ環境があるにも関わらず、市民の実施率が低い点が大きな課題の1つでもある。

1-4. 最近の札幌市のスポーツによるまちづくり

　国の政策としてスポーツを総合的に推進する事を目的に、スポーツ基本法が2011年8月に施行され、2015年10月にはスポーツ庁が創設されている。札幌市では、2016年4月にスポーツ局が設置され、オリンピック・パラリンピック及び国際スポーツ大会を招致する機能を強化するとともに、障がい者スポーツの振興などスポーツを通じたまちづくりを総合的に推進していくことを明確にした。

　2018年平昌冬季オリンピックと2022年北京冬季オリンピックが開催されることにより、アジアでウインタースポーツの注目度が高まり、競技人口が急増している。アジアでは2017冬季アジア札幌大会から2022北京冬季オリンピックまで毎年大型スポーツイベントが開催されるので、札幌市としてはPRの最大のチャンスでもある。

　この機会をまちの活性化に繋げるための組織として、2016年3月31日、北海道、札幌市、札幌市観光協会、札幌市体育協会、さっぽろ健康スポーツ財団など8団体で構成される「さっぽろグローバルスポーツコミッション（SGSC）」が設立された。これにより、各組織が個別に誘致活動を行う従来の体制から、さっぽろグローバルスポーツコミッションを通じて関連組織が一体となって強力に誘致活動を展開する体制に転換した。

1-5. さっぽろグローバルコミッションの活動状況

　設立後の一年間は、国際・国内プロモーションと国際大会・合宿誘致、スポーツツーリズムの推進といった大きく分けて3つの活動が行われて来た。国際・国内プロモーションとして、具体的には中国メディア向けセミナーの開催や海外メディア向け視察ツアーの開催、スポーツアコード2016への出展が行われた。世界に札幌の魅力を発信するとともに、国際競技連盟等の関係者との

人脈を形成することも狙いであった。
　国際大会・合宿誘致では、誘致提案書の各 NOC への送付、合宿支援、事前合宿にかかる調印締結や視察受入が行われ、札幌市の施設が充実していると高評価を得た。スポーツツーリズムとしては、ツーリズム EXPO ジャパン『SNOW SPORTS & RESORTS JAPAN』への出展、スポーツツーリズムコンベンション in 札幌が行われた。

1-6. 札幌のインバウンド状況
　2016 年度の外国人宿泊者数は約 209.3 万人で、5 年連続過去最多を更新している。また、外国人観光客の上位 5 国がアジア圏からのツーリストで、全体の 82％ を占めている。中国からの観光客の旅行スタイルは「爆買」が一時話題となったが、最近の傾向として、雪あそびやスキー体験などの「体験型」の旅行スタイルが重視されている。

1-7. 今後の SGSC の重点戦略方針
　重点戦略方針として 3 つの目標を掲げ、それを達成するための重点・ターゲットを定めている。一つ目は、「北海道・札幌ブランドの向上」で、2021 年以降の国際大会・イベントや事前合宿など、冬季オリパラ種目を重点に誘致することである。二つ目は、「交流人口（インバウンド）の拡大」で、観光閑散期である 11 ～ 2 月の集客拡大と中国ムーブメントに重点を置いて、スポーツツーリズムを推進する。三つ目は、「おもてなし体制の充実」で、スポーツボランティアの確保・資質向上に重点を置く。ボランティアを 1,000 人確保し、各種イベントへ 5 回派遣することを目標としている。

2. 学生・院生が魅力を感じたポイント
　札幌市の夏は冷涼な気候で過ごしやすく、他の都道府県に比べスポーツイベントを行いやすい環境にある。多くは冬に開催されることの多いマラソン大会も、札幌では 8 月に行われるほどである。また、冬は積雪寒冷の気候であり、スキー、スケートをはじめとするウインタースポーツが盛んである。札幌では一年を通して様々なスポーツが楽しめるといえる。加えて人口 195 万人を超え、6 メートル以上の積雪がある都市は世界にも札幌市だけである。市内は鉄道・地下鉄などのインフラも整備されており、交通の利便性も非常に高い。札幌市中心から 1 時間以内の範囲に 8 つのスキー場があり、どの施設でも良質なパウダースノーを楽しむことができる。また「サッポロ テイネ」では海を、「札幌藻岩山スキー場」では札幌市街の夜景を楽しむことができるなど、それぞれ他にない特徴を持っている点も強みであると感じた。こうした、大都市の持つ利便性の中で一年を通じてスポーツを楽しめるという点に札幌市の魅力を感じた。
　カーリング場やアイススケート、ホッケーのリンクを含めても大変充実した施設が多くあるのも札幌市の魅力の一つであり、これらを試合会場とした国際大会にも数多く利用されている点もまちの強みであるといえる。毎年行われるスキージャンプワールドカップや札幌五輪でも使用された大倉山ジャンプ競技場は観光名所にもなっており、サッカーワールドカップに合わせて作られた札幌ドームは二つのプロチームが本拠地としている。これらの充実した施設は人気が高く、さっぽろグローバルスポーツコミッションでは海外を中心にプロモーション活動を行い、トップチームを中心に積極的な合宿利用を呼びかけている。今後、こうした活動が実を結ぶことを期待している。

3. 課題と提案
　講義を通じて感じた札幌市の課題は大きく分けると 3 つある。1 つ目は「市民利用」である。市

民のウインタースポーツの実施率が低下していることや、市民利用と合宿利用のバランスが取れていないことが問題点である。

2つ目は「海外観光客の受け入れ体制」である。アジア圏からの集客に力を入れているにもかかわらず、外国語に対応しきれていない。

3つ目は「閑散期対策」である。現在、海外でウインタースポーツブームになっているが、その後の施設利用や閑散期へのアプローチを考える必要がある。

上記の課題解決の提案として「ブランドの向上」を挙げる。その為には三つの事が重要だと考える。第一に「エリア・サービスの充実」である。これは利用者にとって快適に利用しやすい施設環境を作り出すということである。現在、海外インバウンドや合宿に力を入れているため、市民が利用できる時間が限られており、市民のウインタースポーツの実施率も低下している。したがって、市民利用のための時間や期間を設けたり、また、観光客も楽しめるように今までにない温泉などの施設を組み込んだりして、多くの方が利用しやすい施設を作っていく必要がある。

第二に「プロチームとの連携」である。北海道には「北海道コンサドーレ札幌」、「北海道日本ハムファイターズ」の2つのプロチームがあり、人気もある。行政だけでだけでなく、プロスポーツチームと連携してイベントなどを行うことにより、より広い人に北海道または札幌市の魅力をアプローチすることができ、閑散期における対策にもなりえると考える。

最後に「ボランティア組織の充実」である。現在、アジア圏におけるウインタースポーツブームもあり海外観光客の集客に力を入れているが、ボランティアの多言語化がなされていない。また、言語ボランティアだけでなく医療ボランティアなど、ボランティアスタッフの多様化をすればより海外観光客などを受け入れやすくなるのではないだろうか。

これらを実施することにより、市民も、海外観光客も快適に過ごせるような環境が整えば、リピーターも増え、課題となっているウインタースポーツブーム後のコンスタントな集客にもつながるのではなかろうか。またリピーターが増えるということは「札幌ブランドの向上」にも繋がっていくと考える。

4. おわりに

本報告書では、さっぽろグローバルスポーツコミッション事務局長の西村達也氏による講演「札幌市のスポーツ資源とスポーツツーリズム戦略」の内容と、魅力に感じたポイント、課題と提案をとりまとめた。講演では興味深いお話を拝聴し、地域密着と海外戦略を推し進めていくためには、プロスポーツとはまた違う視点も必要不可欠であるということがわかった。また、講演を受けて他の参加者と議論を交わすことで、自分とは別のものの見方を学び、交流を深めることができた。今後はセミナーでの学びを活かし、プロスポーツだけではなく広い視野をもって、今回出会った仲間と共に、スポーツ界の発展に少しでも貢献できればと思う。

最後に、この度貴重な経験を積む機会を与えてくださった、さっぽろグローバルスポーツコミッション事務局の皆様をはじめ、関係者の皆様に心より感謝いたします。ありがとうございました。

講演3 「北海道日本ハムファイターズ『Sports Community』戦略とマーケティング」
株式会社北海道日本ハムファイターズ事業統轄本部
コミュニティリレーション部部長代行 兼 事業企画部チーフディレクター　佐藤拓氏

1. 講演概要

・北海道への移転について
・経営状況について
・今後の展開
・新球場について

2. 学生・院生が魅力を感じたポイント
2-1. 選手のセカンドキャリア支援
　プロ野球界では選手のセカンドキャリアが課題として挙げられている中で、ファイターズは引退した選手を球団に受け入れる体制ができてきている。コミュニティリレーション部には、元選手が9名ほど在籍しており、野球競技普及・CSR推進・地域連携活動を中心に活動している。
　そもそも、ファイターズは「スポーツと生活が近くにある社会＝Sports Community」を企業理念に掲げており、選手たちにも「1. Athlete（野球での成功）」「2. Fan Service（ファンへの感謝）」「3. Role Model（社会への貢献）」の3要素を追求することを求めている。こうした企業理念のもとで上記の要素を身に着けた元選手たちが引退後も球団スタッフとして活躍することは、セカンドキャリア問題の解決のみならず、球団理念の実現・普及という観点からも非常に有効であると感じた。

2-2. 地域密着「企業経営から地域経営へ」
　代表的な取り組みが北海道179市町村応援大使である。毎年18市町村に応援大使としてそれぞれ2名の選手を応援大使として任命している。各市町村には応援大使の肖像が球団から無償提供され、まちのPR等に活用できる仕組みになっている。いわば、球団・選手・自治体が一体となった地域活性化プロジェクトであり、10年間で北海道の全市町村を網羅する計画になっている。
　また、近年の野球界では一般的になってきた来場者全員への特別ユニホームの配布イベントも、「WE LOVE HOKKAIDOシリーズ」というネーミングがつけられており、北海道という地域名を全面に打ち出しながら、選手とファンがひとつのチームとなる場を創り上げている。札幌だけでなく、北海道全域を対象とした地域密着活動がファイターズの特徴であると感じた。

2-3. 新規エリアの開拓

ファイターズの本拠地は1軍が北海道札幌市に、2軍が千葉県鎌ケ谷市にあるが、プロ野球フランチャイズの空白地である茨城県西南地域に着目し、スポーツを通じたエリアマネジメントプロジェクトを今年からスタートさせた。茨城県と北海道の架け橋になりつつ日本野球界の普及・振興などに努める。主な内容は「1. イベントの連携」「2. 野球教室やベースボールアカデミーに関する事業」「3. 東京ドーム主催試合との連携」「4. イースタンリーグ公式戦主催試合」となっている。

3. 課題と提案

以下では講義を聴講した上で、参加した学生・院生が感じた北海道日本ハムファイターズの課題を指摘するとともに、その解決方法を提案する。

3-1. 集客・企画

【課題】

試合に訪れるファン層は男性4割、女性6割となっており、さらに40・50代が多い。現状、女性向けのイベントは行いやすいため女性の割合が高くなっているが、男性向けのイベントはあまり行われていないためか20・30代の男性ファンが少なくなっている。

【提案】

男性限定デーの開催など男性向けイベントを充実させてはどうか。

3-2. 育成

【課題】

ファイターズは大谷選手、中田選手、西川選手など人気と実力を備え持った選手が多く在籍している。特に大谷選手が試合に出場するかしないかで来場者数が大幅に変わってくるので、そういった選手がチームを離れた後に次の選手が出てくるのか不安が残る。

【提案】

他球団のように3軍制を導入し、さらに北海道出身選手の育成を強化してみてはどうか。

地元出身の選手が多数活躍すれば、地元ファンのファイターズへの愛着がより強くなると考える。

3-3. 球場

【課題】

元々2002年サッカー日韓ワールドカップ開催のために作られた施設であり、球団の所有物ではないので座席やコンコースなどの修繕・回収を自由に行えないなど使いづらい点がある。

【提案】

この新球場に関しては、子供たちが手軽に野球に触れ合える広場のようなエリアを作ることである。野球の競技人口が減少傾向にあるデータがあげられていたことからも、子供たちが新球場で野球を始めるきっかけを作れるようなエリアになればと考える。

4. 終わりに

今回のJASMスチューデント特別セミナー2017は昨年の福岡に続き2度目の開催となりました。株式会社北海道日本ハムファイターズ様の献身的なご支援により、今回のような素晴らしい機会を与えていただき関係者の皆様に感謝の意を表します。

講演を聞いてファイターズは他球団よりも地域密着の活動が盛んに行なわれている印象を受けた。また、新球場の構想が発表されているので今後も注目していきたい。
　今回のセミナーでは様々な大学・学部・学科の学生が参加した。多くの学生が集まることでそれぞれの考え方や視点の違いがあり、一人ひとりが視野を広げることができた。これからのスポーツ界を支えていけるよう日々学び続けていきたい。最後に改めましてこのような素晴らしい機会を与えていただき誠にありがとうございました。

■ 3日目
グループワークとディスカッション
コーディネーター：福田拓哉氏（九州産業大学）

　最終日は九州産業大学の福田拓哉氏をファシリテーターに、参加者を3グループに分け、それぞれコンサドーレ、さっぽろグローバルスポーツコミッション、ファイターズのご講演・見学内容をチャート化することを通じて、学びや気付きの共有化を図った。同じ内容を座学と視察から学んだにも関わらず、参加者間で重要に感じた点や、実務と理論との関係性についての理解が異なっている事が多く、そうした差異を互いに説明し合ったり、理論的視点を確認し合ったり、改善点の提案を行ったり、といった作業が行われ、能動的な振り返りの場となった。
　各グループによってまとめられたワークシートは次頁の写真のとおりである。なお、上記の各プログラムの報告は、この振り返りをもとに学生・院生が作成したものである。
　振り返りの最後に、参加者である学生・院生が一人ずつ今回の学びを今後にどう結びつけるか発表した。スポーツ界へ就職するという意識がより強くなったという者、研究に対するヒントを掴んだという者、所属大学で何をどう学ぶべきか明確になったという者、様々な決意表明がなされた。これもスポーツ産業の現場から現地で直接学び、多様な学生・院生同士が交流し合うという本セミナーならではの効果と言えるかもしれない。今後は各学生・院生が所属大学で自らが発表した決意を達成すべく積極的に活動することを期待するばかりである。

4. まとめ

　2回目となるスチューデント特別セミナーだったが、事務局ならびに講師の皆様の献身的なご支援により、今回も無事終了することができた。関係諸氏のご協力に心から感謝の意を表したい。また、参加した学生・院生を本セミナーに送り出して頂いた諸先生方にもお礼を申し上げたい。今回は北の大地・北海道は札幌を舞台に、同じスポーツマネジメント分野でありながらも、民間企業と公的組織、事業団体と事業支援団体に大別される対照的な事例に触れることができた。また、同じプロでもサッカーと野球という競技特性や試合数が大きく異なる事例について学ぶことができた。同じ土地、同じスポーツ組織であっても、それぞれの目的や規模、運営方法やターゲット顧客といった内外の環境が異なることで、課題や戦略、具体的な活動や組織構造に大きな相違が生まれることを実感できた3日間であったと感じている。そうした条件適合理論的側面をワンストップで体験することができた点が今回の収穫の1つといえよう。

　また、日本各地、そして海外からの参加もあったことで参加者同士の交流が一層広がったと感じている。前回に続いて参加した学生・院生が再会を喜ぶとともに、参加者同士の交流を促す役割を果たしてくれた点も嬉しい限りである。こうした若き学生・院生同士の交流から、次世代を担う実務家や研究者が生まれることを願ってやまない。そのためにも、こうした機会を継続的にJASMが作り続けることが重要になるだろう。

スチューデント特別セミナー 2017 報告

さいたま市でスポーツイベントを開催しませんか？

さいたまスポーツコミッションでは、スポーツイベント開催にあたり「おもてなしの心」で各種お手伝いさせていただきますので、お気軽にご連絡・ご相談ください。
私たちは、皆様のスポーツイベントを成功に導くため、全力でサポートします。

さいたまスポーツコミッション
会長　清水　勇人
（さいたま市長）

さいたまスポーツコミッションとは

スポーツイベントの誘致と開催支援を通じて観光や交流人口の拡大を図り、スポーツの振興と地域経済を活性化することを目的として組織された団体です。
「スポーツ観光」市場を創出し、「スポーツによる地域経済活性化のエンジン（推進機関）」としての役割を目指しており、スポーツ、経済、観光、メディアの関係団体、行政機関などから構成され、公益社団法人さいたま観光国際協会が事務局を担っています。

さいたま開催のメリット

1. 優れた交通アクセス
2. 多様なニーズにお応えする施設
3. さいたまスポーツコミッションのサポート
4. 魅力的な観光のオプション

問合せ先

さいたまスポーツコミッション
〒330-0853 埼玉県さいたま市大宮区錦町682-2 JACK大宮3F　公益社団法人さいたま観光国際協会内
TEL.048-647-0120（土日祝休及び年末年始）

スポーツ大会情報は http://saitamasc.jp　　観光情報は http://stib.jp

遺品整理のキーパーズグループがお届けする

「親家片」パック

事前整理・相続相談・遺品整理・不動産売買
4つの安心サービスをワンストップでご提供

事前整理専門の **クーパーズ**® 「高齢者住宅入居パック」

高齢者住宅・高齢者施設への入居に伴う、家財の整理、リサイクル、引越、不動産の売却のお手伝い、全てのサービスを一本化する事でご家族の負担を軽減するお手伝いです。

【クーパーズの命名は、さだまさしさん!!】クーパーズの名前は、さだまさしさんが、アントキノイノチの映画の中でキーパーズを文字ってクーパーズと名付けてくれた名前を事前整理サービスのサービスブランドとして使用しています。

0120-232-020 受付時間(年中無休) 10:00〜17:00 [事前整理 クーパーズ] [検索]

相続手続 遺産相続の **サムライ業ナビ**

遺品整理専門会社キーパーズとのパートナー関係にあり、安心してご相談頂ける専門士業の先生方をご案内いたします。

0120-361-450 受付時間(年中無休) 10:00〜19:00 [サムライ業ナビ] [検索]

遺品整理専門の **キーパーズ**®
天国へのお引越しのお手伝い

ゆっくりと故人の家財の整理や不要品の片付けが出来ない方へのサービスです。全国直営店の自社スタッフが責任を持ってお手伝いさせていただきます。

0120-754-070 受付時間(年中無休) 10:00〜20:00 [遺品整理 キーパーズ] [検索]

HomePack ホームパック®
fudousan-baibai.com

実家を放置していませんか
実家を相続した後の事は考えていますか

[「物件の無料査定」から「売却相談」まで遺産相続に伴う不動産売却は
全国対応のホームパックグループにお任せください!ワンストップで解決します!]

0120-535-868 受付時間(平日) 9:00〜17:00 [相続不動産 ホームパック] [検索] 宅地建物取引業免許 東京都知事(2)第94488号

※日本初の遺品整理専門会社キーパーズグループは日本スポーツマネジメント学会の法人会員です。

スポーツマネジメント研究 第10巻第1号 2018

編集委員会　委員長　長積　仁（立命館大学）
　　　　　　委　員　新井彬子（東京理科大学）
　　　　　　委　員　大西孝之（龍谷大学）
　　　　　　委　員　大野貴司（東洋学園大学）
　　　　　　委　員　押見大地（東海大学）
　　　　　　委　員　加藤清孝（阪南大学）
　　　　　　委　員　工藤康宏（順天堂大学）
　　　　　　委　員　辻　洋右（立教大学）
　　　　　　委　員　徳山　友（大阪体育大学）
　　　　　　委　員　二宮浩彰（同志社大学）
　　　　　　委　員　山下　玲（東洋大学）
　　　　　　委　員　吉田政幸（法政大学）

発行日　　　2018年12月15日

編集兼発行　日本スポーツマネジメント学会（会長　原田宗彦）
　　　　　　〒202-0021　東京都西東京市東伏見2－7－5
　　　　　　早稲田大学75－2　体育教室棟303号室
　　　　　　TEL&FAX：042－461－1071
　　　　　　E-mail: info@e-jasm.jp
　　　　　　学会URL：http://e-jasm.jp/

発　売　　　有限会社 創文企画
　　　　　　〒101-0061　東京都千代田区神田三崎町3－10－16　田島ビル2F
　　　　　　TEL：03－6261－2855　　FAX：03－6261－2856
　　　　　　http://www.soubun-kikaku.co.jp
　　　　　　郵便振替　00190－4－412700

印刷所　　　壮光舎印刷株式会社